黑龙江省国有林权改革保障体系研究

张晓梅　著

中国农业出版社

图书在版编目（CIP）数据

黑龙江省国有林权改革保障体系研究/张晓梅著
.—北京：中国农业出版社，2010.12
ISBN 978-7-109-15301-1

Ⅰ.①黑… Ⅱ.①张… Ⅲ.①国有经济：林业经济-产权-研究-黑龙江省 Ⅳ.①F326.273.5

中国版本图书馆 CIP 数据核字（2010）第 265123 号

中国农业出版社出版
（北京市朝阳区农展馆北路 2 号）
（邮政编码 100125）
责任编辑 姚 红

北京中科印刷有限公司印刷 新华书店北京发行所发行
2010 年 12 月第 1 版 2010 年 12 月北京第 1 次印刷

开本：850mm×1168mm 1/32 印张：5.875
字数：210 千字
定价：25.00 元

本专著为中国博士后基金、黑龙江省科技攻关计划项目成果

序

经过三年的努力，张晓梅博士的又一力作《黑龙江省国有林权改革保障体系研究》即将问世。张晓梅教授嘱我为其作序，故谨书数言。我与张晓梅教授交往多年，张晓梅在工作上刻苦认真桃李满园；在博士后学习上也孜孜不倦。她从事林业经济学的教学与研究，在这一方面可称为颇有造诣、学术有成的青年经济学者。

张晓梅教授出生于江苏省海安市，1989 年毕业于东北农业大学植物保护系，获农学学士学位，2001 年毕业于东北农业大学经贸学院，获管理学硕士学位，2005 年毕业于东北林业大学经管院，获管理学博士学位。年轻有为的晓梅教授现任东北农业大学经管院教授、博士生导师，主要从事林业经济、循环经济等方面的教学和研究。是黑龙江省科顾委专家、黑龙江省林业经济学会常务理事、黑龙江省循环经济研究会常务理事。

在晓梅执教 10 年以来，也一向以教书育人为己任，对学科的挚爱、对事业的钟爱、对教师的关爱、对学生的热爱，人尽皆知。受到晓梅教授教导、熏陶的学子不胜枚举。她除了培养了一大批本科毕业生外，还培养了博、硕士生 20 余人。教授对弟子既严格要求，又呵护有加，通过言传身教，耳提面命，教以做人之道，传以处事之方，授以治学之法。既是同学们心目中的好导师，又是老师们学习的好榜样。

再论其著作《黑龙江省国有林权改革保障体系研究》一书，综合运用国有资产管理理论、现代产权理论、生态经济学与可持续发展理论的最新研究成果，结合当前国有林区经济与社会发展的现状，重点研究了市场调节为主、多元产权主体并存的国有林业新型产权制度，提出了国有林业产权制度改革的新理论，设计了国有林业产权制度的新模式，测算了国有林权制度改革的成本与效益，分析了改革所涉及的诸如林区政府、国有森工企业、民营经济、外资经济、社会保障体系建设等外部环境，并以伊春改革的实践对国有林业产权制度改革的绩效作了评估。

该著作对国有林权制度改革的研究，立足于伊春国有林业产权制度改革试点，放眼于整个黑龙江省国有林业实现改革的需要；立足于国有林业的产权问题、体制问题，放眼于国有林业的体制性矛盾、资源型矛盾、结构性矛盾和社会性矛盾的一揽子解决。其研究对于国有林业实现可持续发展，对于林业职工的脱贫致富奔小康，对于林区和谐社会的建立，对于人类生态建设都具有十分显著的理论意义和现实意义。

该研究成果已对国家和试点省市决策产生了积极影响，在相关政策决策中得到运用和借鉴，并对国家产权制度改革战略的提出和实施发挥了重要的理论支撑和实际推动作用。

十多年来，我见证了张晓梅教授从硕士研究生到博士研究生的变化，见证了她从副教授到教授的晋升，见证了她从硕士生导师到博士生导师的进步。我欣喜地看到，张晓梅教授著作不断，成果丰硕，除了在《林业经济》、《林业经济问题》、《中国流通经济》等刊物和国际会议上发表论文60余篇，专著《中国农村人力资源开发与利用研究》、《黑龙江省国有林权改革研究》2部外，还主编和副主编《创业管理学》、《人力资源管理》、《外贸俄语》等5部教材和文集。围绕林区、林业经济发展，开展了大量科研工作。曾主持中国博士后基金、省科技攻关软科学项目、省社科基金项目15项，获省部级科研奖励5项。

为张晓梅教授的每一次进步感到欣慰。因此，特向广大读者推荐张晓梅教授的新作——《黑龙江省国有林权改革保障体系研究》。同时，衷心希望广大青年林业经济学者勤奋学习，刻苦钻研，为繁荣和发展中国特色的林业经济学做出新的更大贡献。

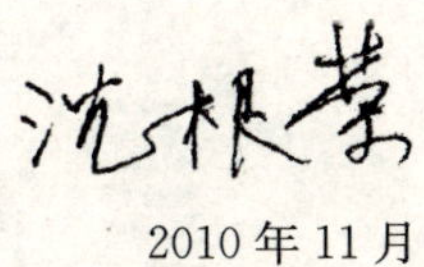

2010年11月

摘　要

黑龙江省国有林在森林资源中占据主导地位。国有林的林地面积占全国森林面积的41.6%，国有森林资源的蓄积约占全国森林蓄积的70.6%。实现国有森林资源的可持续发展对于黑龙江省的经济发展、社会进步和生态建设，具有重大意义。然而长期以来，我国国有林业存在着资源性、结构性、体制性和社会性矛盾，严重制约了林业的发展水平。在四大矛盾中，主要矛盾是体制性矛盾，而体制性矛盾主要表现为国有林业产权制度改革的滞后。本书通过对国有林权制度改革的研究，将对黑龙江省国有林业的现存矛盾和严重问题的顺利解决具有重要的现实意义。通过林权改革推动林业产权的明晰化，从而增强经营者对森林资源的自觉保护意识和责任意识，从根本上杜绝盗伐破坏森林资源现象发生，实现对森林资源的有效保护；可以把林业转变成为一个可以实现效益的投资载体，打破国有国营的单一机制，积极引入民营机制，通过建立多元投入机制，解决林区投入不足的问题；把林业工人转变成投资者，使广大林业职工"家家有其山，户户有其林"，既扩大就业渠道，缓解社会就业和职工下岗再就业的压力，又大幅度增加林业职工收入，从而解决林业职工脱贫致富奔小康的问题。

本论著首先综合运用国有资产管理理论、现代产权理论、生态经济学与可持续发展理论的最新研究成果，结合当前国有林区经济与社会发展的现状，重点研究了市场调节为主、多元产权主体并存的国有林业新型产权制度。在此基础上，建立一个新型的林业价值理论体系——林业价值分类经营理论，将林业的经济价值、生态价值和社会价值作为经营对象，确定价值经营主体，把握价值经营规律，以价值的增值为经营目标，实施分类经营，分类管理。提出国有林业必须实行价值主体分置，把生态价值交给政府，把经济价值交给个人，国家最终放弃对经济价值的追求，而始终致力于生态经营，把生态价值的发展与扩大视为自己的最高目标。之后，又战略性提出确立了“远封近分、三林流转、大力发展民有林”的国有林权制度改革模式，在不改变林地用途和所有权，不削弱森林、林地现有生态功能，总体上保持国有主体不变的基础上，适度引入民营机制和民间资本，激发群众育林护林的积极性，促进林业建设投入的多元化、社会化，推动森林资源、生态环境的恢复和林区经济的发展。本研究进一步分析和研究了林区政府、国有林业企业、民营经济、林业职工以及外资等要素如何进行角色转换和行为调整，适应林业产权制度改革的要求，为林业产权制度改革的有效进行提供保障和支持。同时，从政府职能转变、法律法规、市场三方面建立国有林权改革的保障体系，为提高林地使用效率，维护广大林地所有者合法权益，促进国有林区经济、社会的发展，实现国有林权改革顺利进行。

关键词：国有林业；产权制度；产权改革；保障体系

目　　录

1 引　言

1.1 研究的目的与意义

1.1.1 研究背景

我国林业资源从所有制结构上来看主要分为三个层次：一是国有林，即国有国营的林业，主要分布在东北三省、内蒙古以及西南的川、滇、藏等地区；二是集体林，即集体所有制林业，主要分布在南方 10 省区；三是非公有制林业，即个体私营林业，散落分布在广大山区、农村以及城郊。我国国有林在森林资源中占据主导地位。国有林的林地面积占全国森林面积的 41.6%，国有森林资源的蓄积约占全国森林蓄积的 70.6%。实现国有森林资源的可持续发展对于国家的经济发展、社会进步和生态建设，具有重大意义。

然而，目前的严峻现实是，国有林业存在重大的发展滞后问题。国有林区作为中国国有体制改革剩下的最后一块阵地，作为中国计划经济的最后一个堡垒，它已经并正在拖着中国经济与社会发展的后腿。以具有典型特点的伊春为例。伊春是一个因林而生、因林而衰的典型的资源型城市，是一个具有 400 万公顷林业施业区的重点国有林区。自 1948 年大规模开发建设 60 多年来，共生产木材 2.4 亿多立方米，累计上缴利税、育林基金等 59.2 亿元，相当于国家同期预算内投资的 4.3 倍，还有统配材差价 300 多亿元，为国家做出了巨大贡献。但由于长期过量采伐，森林蓄积量减少 55%，可采成过熟林木资源近于枯竭，生态环境严重恶化，林业经济日益困难，可持续发展能力大幅度下降。尽管实施“天保工程”以后，在国家的政策支持下，通过全市上下的共同努力，艰苦奋斗，使森林资源和生态环境得到一定程度的恢复，林业和林区的经济结构得到了初步调整，经济形势出现好转，但资源性、结构性、体制性和社会性矛盾仍然十分突出。在四大矛盾中，其主要矛盾是体制性矛盾。体制性矛盾主要表现在国有林业产权制度的缺失与改革的滞后。

2006 年 4 月 29 日，黑龙江省伊春市乌马河林业局职工蒋永彬在一次性缴清 62 901 元后，将 9.3 公顷国有森林正式划到了自己的名下。他的这次竞买行为被媒体称为“国有林权改革第一槌”。在国务院和国家林业局的领导和支持下，在几年探索的基础上，伊春率先启动了中国国有林权制度改革，将林地的经营权、林木的所有权和处置权交给职工，承包期 50 年，而且可以转让，可以继承。伊春也因此被媒体称为中国国有林权改革和国有林区转型的“探路人”，成为中国国有林区的“小岗村”。国有林地也因此可以开始真正的流转起来。

但随之而来的国有林权改革面临一系列的问题，比如林地流转是指在不改变林地所有权和林地用途的前提下，按一定程序，通过招标、拍卖、协议等方式，有偿或无偿的由一方转让给另一方的行为。但是，由于现行法律法规不完善、市场的不完善、政府对林地流转行为的政策不明确等原因，林地作为一种具有资本属性的自然资源，其开发利用价值远远没有得到充分发挥，因此研究国有林权改革的保障体系，对促进林地使用制度改革和建立完善土地市场资源，提高林地使用效率，维护广大农民合法权益，促进社会主义新农村建设具有十分重要的现实意义。

1.1.2 研究目的

本研究的目的是通过调查和分析伊春国有林权制度改革的现状，针对即将进行的国有林权改革所面临的问题，从而提出建立完善的国有林权改革的保障体系，为其他地区的国有林权改革提供参考。本研究的主要目标如下：

（1）运用林业价值分类经营理论、林地产权理论及其他相关理论对国有林权改革的内在要求，为国有林权改革的具体实施及保障制度的有效运行提供系统的理论基础。

（2）研究探索如何促进国有林地的流转，如何突破国有林权改革的障碍和制度缺陷，提出具体的保障措施，为国有林地顺利持续流转打下坚实的基础。

1.1.3 研究意义

其理论意义在于：在我国国有林业这个特定的领域，通过对国有林地使用权流转的保障体系的研究，从而丰富现代林业产权理论。

其现实意义在于：通过对国有林权改革的全面的调查和分析，对在伊春将进行的国有林权改革有了一个具体而深入的认识，同时发现和总结了国有林权改革所面临的问题，对影响国有林权改革的因素进行分析，进而提出从市场、法律、政府三方面建立国林地流转的保障体系，为国有林权改革实施提供参考。

1.2 国内外研究现状综述

1.2.1 现代制度变迁理论研究

制度变迁理论的基本分析框架是，分析不断变化的自然环境、技术水平、人口结构、产权、道德文化、意识形态等如何向人们提供获利机会，从而产生变革旧制度、创造新制度的动机，指出了获得更大收益或节约交易成本的途径，即人们进行制度创新应遵循的路径选择。现代制度变迁的主流理论主要指的是新制度学派对于产权和制度的研究。新制度经济学的代表人物有科斯、诺斯、威廉姆森、德姆赛茨等人。

1. 交易费用学说

1937 年 11 月，科斯发表了经典论文《企业的性质》，从交易费用的角度，研究企业与市场两种制度尤其是它们彼此之间的替代选择，构成了交易费用学说（Transaction-cost Economics）。科斯将企业作为替代价格机制市场的“纵向一体化”的代名词。他认为“市场运行是有成本的，通过形成一个组织，并允许某个权威（如企业家）来支配资源，就能节约某些市场运行成本。”市场是价格机制起作用的一系列企业外部契约，而企业是生产要素所有者之间为达到合作目的而签订的一系列内部契约。在企业内部，“契约的本质在于它限定了企业家的权力范围，只有在限定的范围内，它才能指挥其他生产要素。”市场运行的成本为企业的引入提供了前提条件。“企业总是倾向于扩张，一直扩张到企业内部组织的额外交易成本等于公开市场上或在另一企业内完全相同交易的成本为止。”

科斯不仅突破了以价格与价值配置市场资源的主流经济学框架，而且揭示了一个与客观世界更为接近的关于企业与市场方面的全新领域，为新制度经济学奠定了最为核心的理论基石。

20 世纪 70 年代后期至 80 年代，交易费用经济学取得了长足进展。威廉姆森是其中主要的推动者，他在《交易费用经济学：契约关系的规制》中将“不确定性、交换频率、投资的交易专用性程度作为描述交易的基本方面”，认为“经济活动的有效组织必然要求根据交易特性有区别的使用规制结构”，这些规制结构是：市场规则，针对古典缔约（企业外买卖式交易）活动；三方（即交易双方和法庭）规制，针对新古典缔约（企业内买卖式交易）活动；交易专用性规则，针对关系性缔约（有大量专用型投资的特质型交易与混合式交易），主要是不完全契约活动。更重要的是，企业务必对规制结构适时地做出“适应性修正”，因为，一方面人的行为动因是“意欲合理，但只能有限做到”，即有限理性；另一方面由激励不协调与不确定性因素结合形成的败德行为，以及人的“机会主义行为的天然性”[8]。为了保证企业活动“在有限理性基础上达到最经济，同时保障在复杂交易中免受机会主义之害”，人们只能采取“可适性、连续性决策的模式，以作为对付不完善契约的手段”。

2. 产权经济学

（1）科斯的产权内生变量雏形。新制度经济学接受个人效用最大化假定，但认为在信息等交易费用为正值的情况下，产权等制度规则对一个社会的资源配置与经济增长起着决定性作用，着力于产权、激励与经济行为关系的研究，突出关注各种权利在经济交易中的作用，考察产权的动态重组与变迁。1960 年科斯在发表《社会成本问题》一书中提出科斯定理，即产权及其变迁是影响经济效率尤其是企业效率的内生变量，而非新古典外生变量。科斯认为，生产要素并非传统理论认为的人们购买和使用的一件实物，而是人们进行各种实际经营活动所拥有的权利。新古典学说无法建立一个正确的关于外部性理论的最终原因在于对生产要素的错误定义，即生产要素的交易被定义为纯市场交易（康芒斯的买卖式交易）中的实体转移而非现实世界仅存的所有权（产权）的交易。科斯论证了权力的安排与界定对经济交易中的效率起着决定性作用。科斯在文中指出，“在无成本市场交易条件下……合法权利的初始界定将对经济制度如企业等（组织）的运行效率产生影响，一种权利调整后的安排将比其他安排产生更多的产值。”这一观点被其追随者发展成为“零交易费用条件下的科斯定理”，即：权利的调整与资源配置的效率无关，人们可以通过纯市场交易机制调整产权等权利，实现资源配置与交易的帕累托最优。然而，这一定理实际上是对新古典假设的一种否定。人们为了生存必然要进行市场交易，那就“有必要发现谁希望进行交易，有必要告诉他人交易的愿望与方式，有必要通过讨价还价的谈判缔结契约，还要监督契约条款的严格履行等等。这些活动往往成本高昂，而其中任一活动的一定比率成本都足以使许多在无需成本的定价制度中可以进行的交易化为泡影。”这一立论被后来的学者发展成为“正交易费用条件下的科斯定理”，及产权等权利安排的重组取决于人们对交易费用的比较，人们通常选择交易费用最小的产权制度进行各种交易活动，实现资源配置与交易的帕累托最优。这成为了新制度经济学理论的核心。

（2）德姆赛茨等人对产权内生变量的完善。阿尔钦、德姆赛茨以及张五常等人的研究大大推进了产权内生变量的升华。他们的研究成果为产权经济学构筑了严密的分析框架。阿尔钦等人认为，“产权是一个社会选择并使用一种经济品的权利。”产权界定人们行为的规则，这种规则使人们形成交易预期。张五常认为，产权的基本内容应当包括行动团体对资源的使用权、转让权以及收入的享用权；产权的权能是否完整，关键应从所有者对它具有的排他性与可转让性来衡量；如果产权所有者同时拥有排他的使用权、自由的转让权以及收入的独享权，就可认定他拥有的是完整产权；这三种权能的任一方面受到限制或禁止，则称为残缺产权。德姆赛茨将收入的享用权与使用权合并一起称为“独占权”，并将独占权与转让权两种权能同时拥有的产权视为完整产权。从以上两种权能的角度出发，德姆赛茨依据行动团体的不同，将产权区分为公有产权与“完整的”私有产权以及夹在两个极端之间的一个巨大的中间地带，即准公有或准私有产权。完整的私有产权“由私人来决定独占或转让”；公有产权“是凭借对资源的实际使用来获得独占权，再通过政治程序来决定转让权问题”。与公有产权相比，完整的私有产权更加强调意愿与能力，所提供的分配制度更具有吸引力。德姆赛茨认为，在人类所处的现实世界，资源稀缺为普遍现象，在此条件下，公有产权对生产力的阻力会越来越大，实现制度功效（效率）提升的唯一途径是实现私有产权制度变迁，由此才能激发人民的积极行为，隐匿消极行为，推动企业核心竞争力乃至整个社会的生产力发展。

3. 我国学者制度变迁研究概况

我国经济改革的实践为制度变迁理论研究提供了丰富的素材和试验场所，由此产生了许多关于制度经济学的理论及实证研究。经过多年的探讨，中国制度经济学理论已经从对改革对策、目标模式的研究转为对制度变迁过程的研究。20 世纪 80 年代末期学者们转向注重对改革成本、利益冲突的研究，樊刚、盛洪和张军等人的研究成果提供了这一方面的深刻见解。90 年代中国制度经济学研究有了新的突破，有关制度变迁的研究明显增多，林毅夫、张维迎、张曙光等人都有一批有影响的著作。我国学者的研究起初只是简单模仿式研究，而现在则开始了在制度变迁理论和实证方面的自我探索和自主创新的研究进程。

（1）林毅夫等人在结合新制度经济学与发展经济学的基础上，考察了中国十几年的改革发展史，提出了一系列有广泛影响的理论命题。他将经济制度变迁与技术变迁两个过程结合起来考察，力图将中国的改革与发展两大现实问题研究融合进一个统一的框架之中，并以此为出发点，探讨中国经济体制的形成路径、经济改革、国有企业改革相关难题的攻克等方面的问题及对策。

（2）张维迎在深入了解我国经济改革实践的基础上，更加关注产权、政府与信誉三者之间的关联问题，认为产权是信誉的基础，产权制度的基本功能是给人们提供一个追求长期利益的稳定预期和重复博弈的规则。由政府颁布的法律，其首要任务是对个人产权给予有效保护，促使人们积极的建立信誉机制。一旦个人产权得不到有效保护，人们便会选择一次性博弈而非重复性博弈，信誉机制也就建立不起来。在这样的社会，交易成本上升，法律本身也因负荷过重而得不到有效执行。所谓“尊重产权也就是尊重人们的自由签约权。有了自由签约权，人们就会更讲信誉，合约就更容易得到自觉执行。”至于政府，则应当注意三个方面的问题：其一，加强法制建设，取消那些限制自由签约权的条款，强化私有产权规则，使得有恒产者有恒心，从而建立信誉制度；其二，保持政策的连续性和稳定性，防范对私有产权规则的人为破坏，使人们形成稳定的预期，强化信誉基础，促进法律制度高效运行 ；其三，规范政府行为，尽量削减政府管制市场交易的权力，降低我国的政治权力平台，以市场机制配置资源，使人们乐于在诚信基础上进行市场交易，降低社会的交易成本，以良性竞争促进社会和经济的稳定与发展。

(3) 张曙光、盛洪等人主要从事中国改革过程中的制度变迁案例研究。他们以效率为核心，以个人契约过程分析来观察评价中国从计划经济向市场制度转轨的过程，总共完成20多个案例研究。在以新制度经济学理论为基本研究框架的基础上，体现了主流经济学的基本价值观和方法论倾向。同时，他们注意到中国制度变迁过程中的本土化特征，对中国转轨过程中出现的各种“过渡性制度安排”的二重性、易变性着力进行刻画，力求使中国制度经济学研究在“融入主流”的同时，做出“发展主流”的努力。

(4) 樊刚考察了非正式制度安排——中华文化传统在经济发展中的意义和局限。他认为华人文化不太重视理性化的正式制度安排，比较注重人际关系等非正式制度安排，因此华人企业多为家族式企业。正是中国文化传统的这种特征（“重内容不重形式”、“重非正式关系而不重视正式制度”）使中国的渐进式制度改革取得了相对成功，但他认为华人经济如果要进一步的长期发展，尚需注意依靠“法治精神”来实现自我完善。樊刚的分析表明文化传统等意识形态范畴对制度变迁的路径有重大影响，但这方面研究在国内外均薄弱。此外，王询、储小平等人也注意到文化传统对经济组织形式变迁的影响。他们认为，东亚国家由于在文化传统方面的特征使企业与市场之间的界限较为模糊，使企业与市场之间的空间增大，更容易发展出各种中间形式，而这种中间形式在中国的特殊背景下往往成为节省交易费用的组织形式。另外，由于制度环境不完善，中国的家族式组织和交易的人际关系模式可能又是行之有效的组织模式。

(5) 林岗、吴宣恭、刘元春、张宇、黄少安等人主要从马克思主义制度经济理论出发，对西方新旧制度理论进行了较为深入的研究，更主要的是针对新制度理论进行了全方位的批驳。但他们针对改革开放中的制度变迁实践并未提出很多具有指导性且可操作性的对策建议。

4. 现代制度变迁研究文献评述

现代制度变迁理论自其产生以后成为了经济学理论的主流之一，但随着学术研究的发展和对真实世界的不断逼近，其固有的一些缺陷也日渐暴露出来，因此在对其研究进行借鉴的基础上，我们对其局限性进行分析，这也正是本书力图解决的问题。

(1) 对本研究的借鉴。

第一，科斯和威廉姆森对交易费用的研究是本书研究林业产权制度变迁的直接支持，提供了林业资产管理体制改革的基本理论视角。改革交易费用大，对各种交易费用的区分不明确，各种交易费用的承担者界限模糊，是传统的林业资产管理体制改革、制度创新较难发生的原因之一。根据交易费用理论，本书将区分林业产权制度改革过程中的改革成本和交易费用，明确改革成本的承担者，合理确定并划分各种交易费用，以致设计富有效率的制度模式。

第二，本书对国有林业产权的分析建立在威廉姆森等学者的产权经济学研究的基础上。产权与利益相连，直接决定着投资主体和经营主体的经济行为。目前国有林业产权的产权结构是一种近乎纯粹的公有产权，从经济价值角度界定国有林业，这种产权结构很难激发出相关主体的积极行为，推动林业资产的保值增值，相应的林区经济和政治也很难得到稳定和发展。

第三，国内学者的制度变迁研究更加贴近中国实际，不仅给我们的理论研究提供借鉴而且直接启发实际的制度创新设计。国有林业对简单经济价值的开发和利用同林业生产开发技术的长期不改进有着直接关系。采伐方式、种植方式和管护技术自从新中国成立以来一直没有得到实质性的提升和改进，不仅造成了林业资源的巨大浪费和退化，而且强化了既有的管理体制。在没有建立科学合理的产权制度设计的时候，对原有体制的尝试性改革经常会发生国家、地方、企业和个人的利益冲突，此时有效的产权、政府和信誉关系没有形成，政府就会侵犯企业和个人的利益，造成改革的实际流产。国内学者对此问题的既有成果为本研究提供了支持。

(2) 既有研究的局限之处。

第一，国外的制度变迁研究多是建立在西方经济现实解释基础上的，较少涉及公权到私权的转变，明确的私权是绝大部分理论的研究前提，而中国这样由计划经济向市场经济的大规模经济转型是首次出现在世界经济史上，在这种条件下，如何解释中国的经济转型和各种经济现象尚无有效的选择。国有林业管理体制和运营体制的制度创新究竟理论上应该怎样解释，经济实际中应该怎样操作，国外的制度变迁研究对此并没有直接的研究，本书即是集中于此试图有所突破。

第二，国内的制度变迁研究绝大部分关注于经济转轨的研究，早期集中于转轨的模式、目标、成本等方面，后来集中于影响转轨的各种因素，都有一些有影响的研究成果，但是相对于情况各异的地区转轨和行业转轨来讲，则显得远远不够；同时，相对于对国有资产管理体制改革的理论研究而言，对各地和各行业实际中出现的而又行之有效的各种制度创新研究不足，从某种程度上讲，是理论研究落后于实际。国有林业的改革便是如此。伊春林区作为国有林区的重要组成部分，代表了林业资产管理制度和产权制度改革的进程。在国家没有全面推进改革之前，伊春林区摸着石头过河，设计出很多制度创新，而且在实践中被证明是行之有效的，但这些创新设计并没有被当前的理论研究所关注。本书就是要试图从这一方面对我国的相关理论研究做出一些贡献。

1.2.2 国有资产管理体制研究现状

1. 国有资产管理体制存在问题的研究

国内学者对国有资产管理体制存在的主要问题作了比较深入的研究，取得了一些积极的成果。李保民、张文魁认为，国有资产管理体制的主要问题是国有产权关系没有理顺，产权制度改革滞后，国有资产出资人缺位、空位。管理国有资产的政府各部门只有权力，没有责任、风险，更没有人或机构对国有资产真正负责。魏杰认为，中国现有国有资产管理体制的首要弊端是缺乏充分独立的国有资产管理专司机构。陈清泰认为，目前的国有资产管理体制弊端，是由多个部门分兵把口分别行使国家所有权的“五龙治水”造成。陈景艳、刘国良认为，国有资产管理体制主要弊端有管理方式上政企不分，直接干预过多，国有企业组织体制不完善，国有资产管理法制不健全，政府公共预算和国有资产经营预算不分。

2. 关于国有股权目标的研究

关于国有股权的目标基本上有两种观点。

第一种观点是资本回报最大化。政府有许多政治和社会目标，但在行使国有股股权时，应专注于资本回报的最大化。以国有资本回报最大化作为国家所有者的惟一目标，国有企业才会成为适应融入世界市场的现代市场经济要求的商业化经营实体。因此，人大和国务院给国资委的目标就是实现国有资产的价值最大化，而不用管其他社会问题、就业问题、党的政策的贯彻等等。

另外一种观点是国有资本的有效使用。周放生认为，国有资产的保值增值只是国有资本有效使用的一个方面，毕竟国有资本不同于私人资本，应该还有别的作用和职能，尤其是要在政治职能和社会责任方面发挥积极作用。国务院发展研究中心企业研究所副所长张文魁也认为，国有股权追求经济目标并不意味着国有企业应置社会目标不顾。当然，政府最好通过提供适当补偿的方式推动国有企业实施社会目标，以尽量减少对国有企业实现商业化运作的损害。

3. 国有资产营运主体选择的研究

一个基本的共识是国资委不可能直接管理众多的企业，有必要形成国有资本所有权行使机构、国有资产营运主体（国有资产经营公司）、直接经营的企业“三个层次”体系。但对有些大型国有企业，国有资本所有权行使机构也可以直接持股，行使所有权，即实行“两层次”体系。国有资产经营公司对国有资产管理机构来说是资本经营者，对企业而言是国有股权代表。国有资产经营公司既无行政权又无行业管理权，按《公司法》规定，它有权控股、参股企业，行使出资人权利。国有资产营运主体主要是从有条件的大型企业集团公司中进行选择，可以是国有控股公司、投资公司、集团总公司、资产经营公司及金融资产管理公司等，也可根据需要进行新组建。国有资产营运主体按照投资份额依法对全资、控股及参股企业行使出资人职责，对所投资企业承担国有资产保值增值的责任，享有资本收益、重大决策和选聘经营管理者等权利，但不介入企业的日常经营。

4. 国有资产在中央与地方国有资产管理机构之间划分问题的研究

这个问题是实行分级出资人中最棘手和最难解决的问题。张军扩认为，对此，至少需要考虑三个方面的因素：第一，关系国民经济命脉和国家安全的大型国有企业、基础设施和重要自然资源等，由中央政府代表国家履行出资人职责，其他国有资产由地方政府代表国家履行出资人职责。但困难在于如何正确界定什么是关系国民经济命脉和国家安全的企业。第二，地区之间的利益平衡问题。国有资产在各地区之间的分布格局很不平衡。如果简单按照现在谁管理谁就享有所有者权益，显然有失公允。不仅不利于缩小地区差距，而且会造成社会不稳定。就现实看，平衡地区间利益关系两种途径，一是通过对存量的调整求得大体平衡，二是通过增量调整进行平衡。但究竟如何调整，如何保障地区之间在国有资产分布上的大体公平，是一个很难解决的问题。绝对的公平不可能，但大体的调整和平衡还是必要的。第三，投资关系。在资产划分过程中，完全不考虑投资关系，显然不符合市场原则。但问题是现有的国有资产分布格局经历史上多次上收和下放的过程，十分复杂，要想说清投资来源也不是一件容易的事情。这三个主要因素，哪一个真正说清楚都不容易。

陈清泰也认为，要将现有国有资产在中央与地方、地方与地方之间重新划分清楚是非常困难的。因此，现在的企业国有资产哪些属于中央、哪些属于地方，不要想得过于复杂，哪些资产属于谁，企业向中央还是向地方缴纳所得税就是一个证据。各级政府出资人机构所管资产的范围就是按现有格局，极个别的可做些调整，这样就不会出现全国上下重新瓜分国有资产的情况。

5. 国内外国有资产管理模式的研究

（1）国内管理模式。自国有资产管理体制改革以来，国内在理论上和实践上，已形成很多制度创新和模式探索。在理论上提出了若干不同的政策思路，其中较具代表性的主要有以下几种：

第一种是“层级持股模式”。国务院发展研究中心企业研究所《国有资产管理体制研究》课题组主张建立三层级的国有资产管理体制。第一层级是代行所有者权利的专职机构，其主要职责是贯彻执行国有资产管理方面的法律法规，制定具有导向性的政策，确定其下一层级的经营目标并对其制定完善的考核和惩罚制度，依法监督并确定国有资产经营公司的领导人选等。第二层级是国有资产经营公司，其职能是完成与第一层级的专职机构签订的各项契约。第三层级是国有资产的具体经营和参与单位，主要是国有企业，国有资产经营公司对于国有企业的经营通过资产纽带进行。三个层级逐级负责，同时彼此之间又具有明确的权责划分，完成国有资产管理的目标。

“层级持股模式”的优点在于首先是所有权关系清晰；其次变行政隶属为股权关系，这在某种程度上解决了政资不分，行政干预过多等问题；最后克服政府分散管理大量企业而存在的信息不对称问题，从而提高监管效率。

第二种模式是将现有大型企业集团改组为控股公司。由郑海航和邵宁主持，由国家经贸委、国家计委、国家体改委、中国社科院部分专家参加的《大型企业集团成为国家授权投资的机构实施研究》课题组提出由大型集团公司成为国家授权投资机构并充当国有资产出资人代表，国家通过对这些大型国有企业集团授权，使之成为出资人代表，拥有国有资产经营权，由企业集团负责集团核心企业及成员企业国有资产的经营。所谓授权经营，其核心内容就是国家作为股东对经营者大幅度下放权力，在经营决策上，国家作为股东一般不干预企业的生产经营决策，只有企业经营出现明显问题的时候，国家才通过更换经营者等途径进行干预或介入[33]。这一模式的特点在于可以充分利用大型国有企业集团这一现成的组织机构，其成员企业之间具有一定的经济技术联系，易于操作，而且授权经营是一种以企业内部约束为主、外部监督为辅的治理机制，可以减少监督成本。

在实践中，比较有代表性有三种：

①上海模式。其特点是：形成了国有资产管理委员会—资产运营机构—企业的三级机构体系；处于核心位置的授权经营公司形成了保证“政企分开”的“隔离带”，大大增强了国有资本对社会资本的调控能力；打破了专业局的行业垄断，对国有资产进行了跨行业的整合和重组。

②深圳模式。其特点是：构建了“国资委—国资经营公司—国企”三层次模式；国有资产经营公司的构建和动作是核心环节。它由国资委授权，对相应国有资产享有资产收益、重大决策、选择经营者权利，但没有任何行政管理职能，一般不直接从事生产经营活动。

③武汉模式。特点是：实行二级管理模式，实现“二个职能”公开。政府作为它社会管理者的职能，政府对国企的行政管理职能和出资的运营职能分别与作为国有资产所有者的职能、国有资产的运作职能、企业具体的生产经营职能分开。

（2）国外管理模式。世界各国对经营性国有资产的管理模式因国情不同，存在着许多差异。大致说来，主要有以下几种典型的管理模式：

第一，以控股机构为中心的管理模式。其基本特点是，政府主管部门通过设置大型控股公司来实现对国有资产的管理。在大型控股公司之下一般还设有专业控股公司，具体管理和经营所属企业，这样就形成了一个控股公司体系。意大利是实行这种管理模式的代表。

第二，以财政部为核心的管理模式。其基本特点是，由财政部作为国有资产的所有者代表，对各行各业的国有企业进行统一管理和监督。德国是以财政部为核心的管理模式的代表，类似的还有英、法、美、日等国。

第三，以综合协调机构为中心的多部门管理模式。其基本特点是，政府设置了一个具有咨询、服务和监督性质的国有资产管理职能机构。该机构并不独立行使国家所有者职能，只是一个为政府各部门更好地行使所有者管理职能提供服务的综合协调机构。国有企业的主管部门，具体负责所属国有企业的管理和运营。印度是这种管理模式的代表。

（3）国有资产管理体制研究的评述。国有资产管理体制的研究涉及众多领域，不仅在理论上有深厚的研究基础，实践中也积累了为数众多的创新探索。

对本书的借鉴表现在：

第一，林业作为国家资源性国有资产，其管理体制长期以来没有改变，对国有资产管理体制问题的研究同样适用于我国林业管理体制存在问题的界定，如地方行政与国家管理局各自管理，林业资产的管人和管事脱节，产权单一，管理者绩效较低等。

第二，在改革的目标上，政府同样需要在林业改革中实现经济目标、政治目标和社会目标的和谐与统一。在以往林业经营考虑更多的是经济目标，生态和社会目标考虑较少，因此对林区的管理和运营体制也采用了经营资产的经营方式，产生了严重的社会和生态后果，现在的改革则是要重新审视这一点。

第三，在运营主体和国家与地方管理层级的划分上，国有林业的改革同样可以借鉴运营主体的“层次体系”研究，采用合适层次；林业管理中的国家与地方的管理层级同样可以按照资产属性、地区平衡和投资关系来考虑林业管理权限。

第四，在管理模式上，“层级持股”和“控股公司”的研究对于考虑林区引入新的林业资产管理模式极具借鉴意义；而“上海模式”、“深圳模式”和“武汉模式”则分别从调控能力、层级建设和明确职能上对探索国有林业资产的运营模式提供了经验。对于林业来说，国外的“以控股为中心的管理模式”和“以财政部为中心的管理模式”提供了有益的借鉴，而“以综合协调机构为中心的多部门管理模式”则为此提供了教训。

既有研究的局限之处表现在：

第一，绝大部分对国有资产管理体制的研究，都很少关注林业，相应的，林业所具有资产属性的特殊性、承担功能的演变等都没有在国有资产管理体制的改革目标、阶段和认识上得到体现。这种理论上的迟滞，直接导致了林业改革滞后，资产缩水，功能错位。

第二，对运营主体的研究中，缺乏对林业所具有的社会和生态功能运营的相应体现。以往管理层级的划分也只是对于伐木等简单经济价值的分割为准则，而对于中央、地方和本地居民如何在林业的生态价值、经济价值和社会价值的成本收益和功能承担上缺乏研究，导致生态环境恶化、林业可持续发展能力下降等问题，对此的探索性研究是本书的努力方向之一。

第三，在管理模式的理论和实践研究中，绝大部分都是经营性、非资源性国有资产，价值易于衡量，而且所处地区经济相对发达，对改革有一定财政支付能力。而林业则不同，大部分林区在长期开采下，可采林不能有效支持当地人口和经济支付，生态价值远大于林木的经济价值，社会成本沉重。在这种情况下，应该采取何种投资方式和管理模式都还是一个未知难题，这也是本书的努力方向之一。

1.2.3 林业产权问题研究综述

1. 国外林业产权问题研究

国外林业产权研究更多地集中在对森林资源所有制的研究及评价上。所有制是要解决森林资源产权的主体问题，回答谁将拥有对森林资源的实际控制能力。讨论所有制问题的目的在于研究不同所有制形式的利弊，寻求最佳的制度安排。各国对所有制形式的划分不尽相同，一般地讲，可分为以下三种形式：国家产权、共同产权、私人产权。

第一，在国家产权形式下，国家掌握着对森林资源的控制权利，诸如国有森林、国家公园等。国家可以通过政府代理机构直接管理森林，也可以以租赁形式授予个人、企业或社团以收益权，资产收益在所有者和使用者之间分享。

第二，私人产权包括个人产权及私人公司所有的产权。在许多西方国家，私人产权在法律及社会上得到承认，并受到保护。完全的私人产权拥有对土地或森林全部属性的永久控制权，排除他人使用，其产权具有可分性和自由转让的特征。

第三，共同产权在本质上是一个团体的私有权，它将团体以外的人排除在资源使用决策之外，共同产权是团体内部成员的共同财产。在共同产权形式下，个人拥有共同产权中的一部分资源的使用权，但不能由个人决定所有关系的转移或转让给他人使用，其管理控制权通常授予团体成员的代表小组或团体领导。

西方学者总体上对私人产权持肯定和鼓励的态度。根据完全竞争理论，私人产权是社会福利最大化的必要和充分条件。由于生产要素的私人所有，所有者不受任何干扰和限制，他可以任意处置其资产，受利益机制驱动，所有者总是将资源用于最高、最有价值的用途，从而对社会利益做出最大贡献。但也有个别人对林业这个特定领域的私人产权安排的效率产生异议。Bromley 专门撰文指出，在私人产权形式下，存在着能否保障足够的公共物品和无价格产品供应问题；此外，林业投资的长期性对私人投资也缺乏足够的吸引力，私人在造林、护林方面的积极性不足，存在利用过度和投资不足倾向。

专家们对共同产权制度也褒贬不一。共同产权悲剧理论、乡村林地谬误理论认为，集体劳动有着致命的缺陷，由于缺乏有效的监督与绩效衡量，在共同产权安排下的成员有偷闲、搭便车的倾向。同时，在这种产权形式下的森林不可避免地会退化，会遭到破坏。解决的办法是向私人产权形式转移。但赞成共同产权安排的学者认为，共同产权可将资源作为一个整体来经营，以消除为数众多的个人经营战略带来的不利影响；可形成集体力量与外界对抗，排除团体以外他人的干扰等等。

与完全的私人产权形式相反的另一个极端是完全的国家产权，由国家所有、控制和管理森林。由于环境保护压力与日俱增，便产生了由社会整体控制资源的要求。国外森林国有化的主张主要基于以下考虑：公共物品及无价格产品供应问题、规模控制问题以及对森林的保护问题，认为地方社团或个人都不会在森林保护方面给予足够投资。

总的来说，西方产权理论对森林资源的国有化和集中统一控制多持怀疑和批评态度。普遍认为，作为国家代理机构的政府部门并不受利润最大化激励机制驱动，计划并不根据收益状况来制定，因而不会追求从资源中创造最大价值，往往忽略资源发展的投资机会；大量的森林资源国有化常常超出政府实施有效管理的能力，导致资源配置效率低下。

现实中并不存在一种能尽善尽美地解决所有问题的产权制度安排，那种认为只有某种产权制度是最理想状态的看法正在被抛弃。Peter 认为，现实只能是包括一切产权形式的共存或混合状态。

目前，各国实行森林资源多种所有制，而且林权稳定，私有林所占比重大都在 50%以上。例如，美国国有林占 34%，公有林占 6%，私有林占 60%。德国国有林占 30%，公有林占 24%，私有林占 46%。日本国有林占 32%，公有林占 10%，私有林占 58%。法国国有林占 12%，公有林占 17%，私有林占 69%。

这些国家都明确规定保护私有林林主利益。如德国规定，国家建设占用私有林，从国有林划给林份质量相近的同等面积的国有林，或作价补偿。日本为鼓励私人造林，其造林、育林费用由国家补助 70%，地方政府补助 20%，森林法明确规定法律保障法定的私有林木所有权不受侵犯。其他国家也都对类似情况有相同或相似的规定。

随着实践的不断深入，人们日益认识到所有权的稳定与转换是影响森林资源有效保护与可持续发展的一个关键性内在因素。20 世纪 80 年代以来，一些主要林业国家开始重新考虑改革森林所有权政策。Andy White 等对占世界森林总面积 93%的主要林业国家的森林所有权进行了回顾后指出：越来越多的迹象表明，森林的管理和保护是与权属安全和获取森林经济潜力的收益权紧密相连的，政府今后将逐步把经营公有林的责任和权利下放给当地社区。

联合国粮农组织最新的《世界森林状况（2003）》对森林公共管理的权利下放问题进行了专门阐述。截止到目前的情况来看，一些有成效的努力已经加强了当地的参与，提高了当地分享森林收入的比例，从而促使更好地提供森林产品与服务以及提高森林的可持续性。然而，也带来了一些风险与新的问题：①部分地方政府缺乏责任心以及机构能力不足可能导致滥用职权；②财政资源的紧迫需求可能加快毁林的速度；③外部性成本可能落在某个特定区域或社区群体上，而不是落在作为整体的社会上；④新法律可能阻碍资源管理的习惯做法和当地模式；⑤决策可能没有有效地传达到地方层面；⑥有些群体特别是弱势群体的利益可能没有得到充分考虑。

2. 国内林业产权问题研究

（1）关于国有林权的研究。国有林产权制度存在的主要问题：①对国有森林资源所有权归属的界定缺乏激励机制。近年来，国有森林资源屡遭乱砍乱伐和盗采盗伐，屡禁不止，且有愈演愈烈之势，显示出森林资源的国家所有权并未得到有效的保护。国有资源的困境，归根到底是资源界定缺乏激励机制的问题[48]。②国有林所有权主体不明确。虽然我国《森林法》第一章总则中第三条明确规定："森林资源属于国家所有，由法律规定属于集体所有的除外。"然而，国家毕竟是一个抽象的概念，森林资源属于国家所有，而究竟谁又代表国家呢？是国务院？地方政府？他们之间到底有哪些权利责任和义务？目前，我国森林资源的实际控制权被各地方与部门条块分割，国家的整体权益得不到维护；另一方面，缺乏收益激励的地方与部门，或怠于保护，或变管理为占有，导致森林资源的流失与滥用。"权能配置不当与利益冲突，严重影响着国家对森林资源所有权的行使效率，造成对森林资源的破坏"。③未建立起有效的国有林产权交易市场。一方面，由于国有林产权主体的不明确，造成产权交易的动力不足，另一方面，国有林产权界限不清，就难以塑造产权交易市场的交易主体。

（2）关于林业集体所有制的研究。在我国南方，集体林业占有主导地位。从本质上说，集体林业同集体经济一样，是由林农集体拥有对林地、林木资产的占有、支配、处置权和对林业生产全过程具有经营的自主权，并在依法纳税的前提下拥有经营活动的直接受益权，这是集体林业区别于国有林业的法律和经济属性。同国有林业相比，集体林业的产权更为明晰，经营主动权也相应较大，在管理上受到政府的干预更少。但是，由于林业所处的特殊的自然和社会经济环境，我国南方的集体林业的产权制度也存在着严重的缺陷。福建林学院张春霞对此进行了较深入地研究，她认为，集体林业的所有权主体模糊，权能不清；经营主体缺位，权利受限；集体林业产权的各权能主体之间缺乏制度的联系和机制的约束。由于这些缺陷，林业的所有者、代理人及经营者对林业财产运营和林业发展的积极性受到较大的冲击。这种低效率的产权制度正是集体林业发展与改革滞后的深层次原因，也是乡村林业乱砍滥伐之风屡禁不止的深层次原因。

（3）关于林业股份合作制的研究。林业股份合作制出现于20世纪80年代初，是南方林业产权制度的一次大胆的尝试。林业股份合作制满足了规模经营的要求，调动了各有关方面的积极性，实现了生产要素的优化配置，克服了国有和集体林业经济的体制单一、效率低下的弊端，对我国林业的发展注入了一股清新的空气。但由于这种股份合作制先天营养不良，加上后天的规划具有明显的人为因素和行政干预色彩，这种合作制自身也存在诸多问题。据曹遗生等人的研究，当时的股份合作制是属于行政区域性的封闭的股份合作经济组织，以行政区域为界，要素流动滞缓甚至不流动，严重制约了资产的变现与升值；其产生的过程不是经济发展的合理结果，而是行政命令与意愿的产物，缺乏群众的主动参与，缺乏经济要素的积极介入；各当事人的所拥有的原始股份更多地属于无偿分配，因而缺乏对利润与效益的强烈冲动。他们认为，突破这种困境的唯一出路就是进行林业产权重组，并在重组过程中强化各要素的流动性。

3. 国内外林业产权研究评述

国内外关于林业产权的研究实质就是关于如何进行国有林业改革和发展非公有制林业的问题，这些研究一方面给本书的研究提供了理论和实践借鉴，同时其不足之处也是本书进一步突破的着力之处。

（1）对本书的借鉴。第一，对国有林业如何突破封闭、单一的产权机制，形成市场调节为主、多元主体并存的新型产权制度提供了积极的借鉴。国有林业应根据林业自身不同的自然特性与经济潜力，设计不同的产权制度，发挥公有产权侧重生态价值、私有产权侧重经济价值的互促互进的良性循环，最终推动国有林业的可持续发展。第二，从现有研究中可以看出，林业经济开始出现多种所有制成分并存，经营形式也日趋多样化，这将对本研究进行制度设计提供了直接借鉴。在国有林业的产权制度改革过程中，只要有利于提高生态价值、经济价值和社会价值，完全可以采取灵活多样的经营形式，个体经营（个体工商业主投身林业、独资经营）、家庭经营（兼营户、专业户、重点户以及经营家庭林场）、农户联合经营、股份制合作经营以及外商投资经营等都是可以借鉴的。第三，对国有林业产权制度改革中面临的一系列问题提供了解决途径和办法。比如非公有制林业宜尽早进行法律地位，经营业主合法权益要得到有效保护，现行林木采伐管理机制要给予改进，林业税费政策要根据林业发展的需要进一步细化和调整，等等。此外，对当前国有林业改革的制约因素及其对策的研究，非公有制林业在不同区域的实践模式研究，以及对全国国有林业的发展现状、结构比例等方面的研究，也很欠缺而且比较紧迫，本书将尽可能的做出一些贡献。

（2）既有研究的局限之处。第一，对非公有制林业在可持续发展中的地位、作用，或者是非公有制林业对整个林业产业及生态建设的作用和影响，研究得不够深入。第二，对于政府、企业、林业职工等林区中的重要组成要素缺乏必要的研究。政府在林业发展中应扮演怎样的角色，森工企业如何转型，林业职工如何脱困，这些问题都对林业的发展与改革有相当程度的制约作用。

1.3 研究的内容与方法

1.3.1 研究的内容

本书共分 8 个部分：

第一部分说明了选题的背景、目的意义、国内外研究动态以及研究方法和内容。

第二部分介绍了国有林权改革的理论基础，为下文的研究奠定基础。

第三部分阐述国有林权改革的现状，总结了国有林权改革的积极效果和遇到的问题。

第四部分重点分析了影响国有林流转的因素，其中包括相关主体缺乏积极性，国有林权改革市场欠发达，国有林地承包者的收益受到限制。

第五部分给出了国有林权改革的政府职能保障体系。

第六部分构建了国有林权改革的法律保障体系。

第七部分提出了国有林权改革的市场保障体系。

第八部分归纳研究成果，形成研究结论。

1.3.2 研究的方法

案例研究法。本书以伊春国有林制度改革为背景，以伊春国有林权改革作为案例，注重对伊春国有林权改革所面临的问题进行反思、分析、总结，推动现实问题的解决，在此基础上形成新的理论体系，进而对我国国有林权改革的实践给予指导。

理论分析法。主要包括，资源经济学理论、林地产权理论、其他经济学理论和管理学理论。理论分析统领和贯穿全过程，目的在于更好地研究出制约国有林权改革的因素，使得关于国有林权改革未来发展的研究更具有直观性和认同性。

1.4 研究创新之处

第一，通过系统的分析得出了国有林权改革同相关基础理论的关系。创造性指出国有林权改革实现的基础是森林资源资产化。

第二，通过对国有林地现状的调查，对国有林权改革的情况做出了分析和评价。

第三，基于对影响国有林权改革因素分析，构建国有林地政府职能保障体系、法律保障体系、市场三大保障体系，为实现国有林权改革平稳进行提供了理论依据和政策支持。

2 国有林权改革的理论基础

国有林业产权制度改革是国有林业实现振兴的必然之路。改革的根本目标是林业价值的全面提升，改革的基本方式是产权制度的更迭与创新，产权与价值的互动构成了国有林业产权制度改革的发展路径与发展方向。

2.1 林业价值分类经营理论

所谓林业价值的分类经营，基本指导思想是以价值为经营对象，遵循价值的发展规律。就是根据林业资源内在的经济价值、生态价值以及社会价值等内涵，明晰价值之间的差异性，把握价值的特殊性，有针对性地确定不同的价值经营主体，遵循不同的价值经营规律，实施分类经营，分类管理。通过分类经营，在经营对象实现各自增值的基础上，推动林业整体功能的最佳发挥，实现林业的可持续发展。

林业价值包含着自然、社会与人类之间的冲突与和谐，是一个持续调整、逐步丰富、不断发展的哲学、经济学和社会学概念。它随着人类社会的不断进步以及人对客观世界认识能力的日益改善与提高，展现出不同的内涵和外延。而今，它核心表现为满足人类物质和精神需求的客观能力、潜在水平和主观感受。深刻发掘林业价值的源泉，把握林业价值的形态，推动林业价值的经营，对于林业实现可持续发展，对于社会主义现代化建设，对于人类社会的自由发展意义重大。

2.1.1 林业价值的源泉

矛盾无时不在，无处不在。不同的力量，不同的要素，不同的规律，都在影响着林业的成长，左右着林业的发展，决定着林业的价值。林业资源，是大自然与人类的共同产物，同时在现代市场经济大潮中，不可避免地受着经济规律的影响。林业的自然属性、社会属性和经济属性并存不悖，相互融合，相互促进，共同构成了林业价值的源泉。

1. 源于自然

林业价值部分来自于大自然，这是林业天生具有的、未经人类劳动参与、不受社会和经济发展规律影响的价值。其价值量大小主要取决于林业自身的成长天性以及所处的自然环境、地理区位等。这是林业价值多元论的初始阶段，是林业价值不可忽视、不可替代、不可逾越的源泉。天然林具典型代表性。

大自然是一切财富和价值的第一源泉。国际著名生态伦理学家、美国科罗拉多州立大学终身教授霍尔姆斯·罗尔斯顿在《环境伦理学：大自然的价值以及人对大自然的义务》中指出：大自然是生命的源泉，这整个源泉——而非只有诞生于其中的生命——都是有价值的，大自然是万物的真正创造者。

林业资源，作为自然万物中的有机组成部分，成长、成熟、消亡于自然界。自然界创造了林业资源，为林业资源的成长持续地融入能量，注入价值。自然界对林业资源的作用与贡献，遵循着自身的规律，不以人的意志为转移。在人类社会产生之前便已存在；在有了人类社会以后，无论人类是否认识、干涉，它们也还是存在的，还在依据其自身的规律存在和运动着。这种存在和运动本身就是一种价值的源泉。随着人类认识自然的深化，改造自然力度的加大，对自然的影响日益明显和强化，但是自然界之于林业资源价值形成的规律没有根本性的改变。

2. 源于劳动

林业价值中由于人类劳动附加于林业资源所产生的价值部分，既包括林业资源开发的直接性人力和资金投入，也包括为开发林业资源所进行的其他间接附加性设施投入，如道路交通的修建、水电设施的配套等。人工林的发展具有代表性。

在林业资源的保护、开发和利用中，人类已经并将越来越多地投入自己的劳动，投入资本和科学技术，或者付出经营管理的代价，这样的林业资源也就不再是天然的了，而是非天然的林业资源，如已开发的原始森林，人工林则更具有这方面的典型特征，它们的价值源泉当然也就应在大自然之外，再加上人类活动的印记，加上相关的劳动、资本、科学技术或经营管理等要素。随着社会进步和科学技术发展，这种非天然林业价值的数量必将日趋增多，其在整个林业资源价值总量中的比重也将逐步提升。

马克思的劳动价值论为此作了最好的诠释。劳动价值论认为，人类的抽象劳动是价值的唯一源泉。林业资源的价值主要由以下几方面决定。第一，在林业资源的生产和再生产过程中伴随着人类劳动的大量投入，使整个现存的林业资源都表现为直接生产和再生产的劳动产品，它们参与流通与交换，因而具有价值。第二，劳动创造的价值是由社会必要劳动时间决定或衡量的。尽管林业资源的再生产有其自身独特的规律性，但是林业资源价值量的大小仍然是由在林业资源再生产过程中人们所投入的社会必要劳动时间决定的。第三，林业资源具有不同程度的自然力作用，能为人们所利用，以节约劳动、增加财富。第四，林业资源的价格是其价值的货币表现，并反映林业资源的供求关系，供求规律决定着林业资源价格变化趋势。

3. 源于稀缺性

林业价值的第三个源泉为林业资源的稀缺性，可称为林业的稀缺价值，其价值量大小完全由林业的市场供求状况所决定。

林业的价值除了来自其本身属性能够满足人类需求之外，还要受其数量有限性和稀缺性的制约。林业属于可再生性资源，但是再生速度动辄也要成数十年之久。尤其严峻的是：与人类生存发展息息相关的林业资源已绝非取之不尽，用之不竭，在一些植被破坏严重的地区已成了难得之物。事实一再证明，随着人类需求的不断增长，数量有限的林业资源愈发显得稀缺了，这种稀缺性更加重了人类对林业资源的依赖，也增加了林业资源的价值。林业资源越稀缺，其价值也就越大，这是林业资源的供求关系所决定的客观趋势。

边际效用价值论对林业资源稀缺特质做了合理的解释。边际效用价值理论是从物品满足人的欲望能力或人对物品效用的主观心理评价角度来解释价值及其形成过程的经济理论。早在 1817 年，英国古典经济学的伟大代表者李嘉图曾经说：有些商品的价值，单只由它们的稀少性决定，劳动不能增加它们的数量，所以它们的价值不能由于供给增加而减低。它们的价值与原来生产时所必需的劳动量全然无关，而只随希望得到它们的人的不断变动的财富和嗜好一同变动。至 19 世纪 70 年代初期边际主义革命出现，杰文斯、门格尔和瓦尔拉斯等将稀缺性视为边际效用得以形成的一个关键条件，而边际效用在他们看来是决定价值的最终根源。林业资源的稀缺性，赋予了林业资源价值的充分且必要的条件，亦即形成了可以对林业资源进行定价的原理和准则。

林业的自然性、社会性和经济性构成了林业价值的三大源泉。林业的自然属性反映出自然界孕育万物的自然法则；林业的社会属性反映出人类适应自然改造自然的社会法则；林业的经济属性则反映了市场经济规律对林业价值修正与调整的经济法则。从自然性到社会性再到经济性的动态调整，折射出林业价值是特殊性与普遍性的统一，继承性与创新性的统一，功能性与效用性的统一，反映出世界是普遍联系和永恒发展的这一马克思主义的自然与社会发展规律。

2.1.2 林业价值的形态

林业价值的表现形式与人类对林业的需求息息相关。随着人类社会的发展进步，人类对林业的需求呈现多元化特征，林业价值也相应地表现为经济价值、生态价值和社会价值等三种价值形态。

1. 林业的经济价值

林业的经济价值，即林业作为生产要素被人类利用（重要为消耗性利用）所具有的价值。在市场经济中，它由林业的稀缺性、附加的劳动和消费者对林业资源的偏好等决定。林业资源的经济价值遵循经济发展规律，发展的目标是效率增长，提高生产力，给社会提供物质产品消费，满足人们的物质需求。林业的经济价值，以市场为实现平台，用货币加以衡量。林业只有在其发挥经济用途的时候才具有经济价值。

据中国林科院侯元兆研究员在90年代中期主持的《中国森林资源价值核算研究报告》中的说法，我国森林的经济价值达17 414.51亿元。据北京林业大学经济管理学院副教授张颖研究，2004年我国森林的存量、流量价值分别为22万亿元、1.7万亿元。伊春，作为一个具有400万公顷林业施业区的重点国有林区，自1948年大规模开发建设50多年来，共生产木材2.3亿多立方米，累计上缴利税、育林基金等59.2亿元，相当于国家同期预算内投资的4.3倍，为国家经济建设做出了巨大贡献。随着林业替代品的增加以及人类对林业多功能用途认识的深化，林业对经济建设的贡献率呈现逐年下降的积极态势。据有关方面统计，只讲木材，粗略地算，林业所创的GDP在50年代占全国整个GDP的6%～7%，到70年代就降为2%～3%，现在还不到1%。可见“木头经济”份量越来越轻。

2. 林业的生态价值

林业的生态价值，就是林业在自然生态系统循环中发挥的有益于、有助于人类生存与发展的能力。生态价值的实现不能完全由市场决定。美国佛蒙特州州立大学的著名教授戴维·康斯坦察说：“我们一直仅限于书本研究而忽略了自然的价值。传统上经济学家都以市场为中心。但是我们发现在市场以外很多东西都对人类具有价值”。

林业资源不仅能为人类提供木材和其他林业产品，具有一定的经济价值，更重要的是具有巨大的生态价值。林业的生态价值包括涵养水源、保持水土、调节气候、防风固沙、净化大气、产生氧气、保持生物多样性等多个方面。这些生态价值的大小，是评价林业资源价值的重要指标。生态价值也是森林的产品，而且是非常重要的产品。但是这些产品有不同于一般产品的特性：一是它不具有实物性，无法通过直接的交换关系实现其价值；二是它的消费过程无法界定，人们随时随地可以享用林业的生态价值，而不必立刻为这种享用付费。因而森林的生态价值就表现为林业生产的外部效益，同时表现为巨大的社会效益，被社会全体公众免费享用。

国家林业局研究中心提供的资料说，如果把森林涵养水源的意义定个价的话，那么，我国目前森林的年水源涵养量是 3 473 亿吨，相当于我国现有水库总库容的 75%，平均每公顷森林水源涵养价值为 1 890 元、全国每年总计约 2 527 亿元；森林保护土壤的价值，我国森林每年减少土壤侵蚀总量约 246 亿立方米或 320 亿吨，减少土壤有机质流失量 3.84 亿吨，其中氮、磷、钾的损失相当于 5 700 万吨标准化肥，森林保护土壤的作用相当于每年创造价值 2691 亿元；至于森林固定二氧化碳和供给氧的价值，我国每年森林的干材、枝、根的物质生长量为 2.05 亿吨，固定二氧化碳 3.34 亿吨，价值 913 亿元，提供的氧为 2.46 亿吨，价值为 929.5 亿元，两者合计超过 1 842 亿元。

据原苏联 20 世纪 70 年代的研究资料，生态价值的经济评价值可占森林总价值的 3/4，而木材产值仅占 1/4。日本的研究人员认为森林的生态价值评价值占森林总价值的 96%，而木材产值仅占 4%。芬兰森林的生态价值和木材产值分别占森林总价值的 76%和 24%。美国的研究结果表明，森林生态价值评价值和木材产值分别占森林总价值的 90%和 10%。在我国，1999 年北京市采用替代法对全市森林的生态价值进行核算，森林生态价值为 2 119.88 亿元人民币，是森林经济价值的 13.3 倍。

由于应用的理论和方法各有千秋，不同的研究方法得出的生态价值的数量值高低不一，但对于“森林具有巨大的生态价值，这些价值远远大于其本身的经济价值”这一结论已经得到社会的普遍认可和接受，这是一个不争的事实。当我们把大自然看作一个类似人的生命之体时，我们会发现，森林便是“大自然之肺”。从这个意义上说，森林对于人类是无价之宝。

3. 林业的社会价值

林业的社会价值，是林业所展现出来的社会意义，是林业为社会提供生态、经济需求以外的一切需求，反映在人类社会精神文明状态的改善和道德需求的满足方面，包括林木的美学价值、历史价值以及林间游憩、陶冶情操、增加林区就业和收入、森林保健和卫生等。林业的社会价值，是非使用价值的价值，即独立于人们对资源的现期使用的价值。

林业的社会价值弥足珍贵，对人类的精神生活与社会的和谐发展意义重大。伊春停伐红松的举动突出展示了对林业社会价值的尊重与保护。红松是世界公认的珍贵树种，天然红松林堪称“第三纪森林”。全世界的天然红松林有 60%分布在中国，而中国的天然红松林尤以伊春（小兴安岭）林区分布最集中、最为典型，伊春是名副其实的红松故乡。新中国成立之初，在伊春 400 万公顷的森林面积中，天然红松林在 120 万公顷左右，占 1/4，是世界上最大的红松原始林“林海”。可是，2003 年统计，伊春成片的天然红松林已经不足 5 万公顷了，而且这 5 万公顷多是以自然保护区、森林公园和母树林的形式保存下来的，其他散生的天然红松林不足 200 万立方米。严重的是，伊春的木材生产中天然红松仍占到 30%左右，每年要消耗红松达 30 万～40 万立方米，再这样干上三五年，伊春的天然红松就消耗殆尽了。再不停伐，红松的故乡就变成红松的故事了。2004 年 9 月 1 日，伊春市政府颁布市长一号令，在伊春境内全面停止采伐天然红松林木。伊春算的是另一笔账。天然红松林是伊春的象征，是小兴安岭的象征，是欧亚大陆温带森林的标志。天然红松林木树体高大通直，最高可达40余米，寿命较长，通常在400年以上，红松天然林140年后方进入成熟期，其生态价值、历史价值、文化价值和科学价值弥足珍贵，它在小兴安岭针阔混交树种群落中发挥着不可替代的作用。天然红松林一旦砍光了，靠自然力恢复成现实天然林状态至少需要2 500年或者更长的时间。伊春重视红松社会价值、保护红松的举动得到中共中央、国务院、全国人大、全国政协、黑龙江省委、省政府以及联合国等国际组织的高度评价。2005年，在首届全球人居环境论坛上伊春被联合国国际交流合作与协调委员会（CCC/UN）评为“城市森林生态保护和可持续发展范例”，并荣获“绿色伊春”称号。

林业资源不仅是人类进行生产劳动、经济活动的物质基础，同时也是人类提高生活质量、建设和谐社会的精神基础。随着人类文明的进步，人类不断发展完善了对林业资源价值的认识，由完全经济意义上的价值取向，逐渐拓展到生态价值、社会价值等方面。林业资源的经济价值、社会价值、生态价值是统一的、不可分割的整体，互为因果、互相依存、互相制约、缺一不可，取走任何一种价值的同时必然造成其他价值的流失和毁灭。因此，若要维护林业资源的整体性和功能多样性，人类在开发利用林业资源时，必须统筹兼顾。

2.1.3 林业价值的经营

科学的经营是实现林业科学发展的基础，是实现林业经济、生态和社会价值增值的重要保证。林业的科学经营，关键在于找到正确的经营主体，确定正确的经营对象，把握正确的经营规律。

1. 从实物经营向价值经营的转变

所谓价值经营，是指把林业的价值作为经营的对象，立足于价值的丰富内涵和特殊规律性，选择国家、个人或社团等价值经营主体，充分运用资本运营、产权交易、期货市场等现代经营方式，以最大限度地实现林业价值增值的目标。

长期以来，国家对林业的经营停留在实物经营的层面，重视对木材的生产、管理与经营。这种经营方式是在以经济建设为中心的思想支配下的必然产物，曾经创造了巨大的物质财富，为国家的经济建设做出了巨大贡献。但是也相应地忽略了林业的价值属性，忽略了生态建设的必要性与迫切性，忽略了现代化经营理念与经营手段的应用，从而阻碍了林业的快速、健康发展。

林业价值经营，突破了传统实物经营方式的诸多漏洞和弊端，抓住价值这个根本，实现了由实物管理向更高层次价值管理的质的飞跃。它把林业实物变为价值载体和实现手段，通过经营林业价值，挖掘并激发林业资源的多元化特质，促进资源的优化配置，实现林业价值综合化、立体化、多元化的大发展。

从实物经营向价值经营转变，是林业经营观念的重大调整：突破了传统的人们崇尚实物、保持实物、拥有实物的实物本位主义观念，转为尊重价值、经营价值、扩大价值的价值本位主义观念；是林业经营对象的重大调整：在实物经营方式下，林业经营更像一个生产车间，经营者只管木材的生产，供应与销售。[67]在价值经营方式下，林业经营特点是围绕价值进行经营管理，把价值的经营作为管理的核心；是经营目标的重大调整：从过去的木材生产数量为第一目标转而向着价值的增值为第一目标；是经营手段的重大调整：实物经营更多地使用生产工具、借助市场平台、打造数量优势，而价值经营更多地运用产权运营、金融资本、市场平台等一切现代化的理念和经营方式；是经营规则的重大调整：实物经营下更重视种植规则和生产要求，而在价值经营下则更多地强调经济规律、生态规律与社会规律的彼此融合。

当然，林业价值经营不是空中楼阁，它是对实物经营的“扬弃”，也是实物经营的延伸。良好的实物经营，无论何时都是价值经营的前提。

2. 林业价值的分类经营

所谓林业价值的分类经营，就是根据林业资源内在的经济价值、生态价值以及社会价值等内涵，明晰价值之间的差异性，把握价值的特殊性，有针对性地确定不同的价值经营主体，遵循不同的价值经营规律，实施分类经营，分类管理。

林业价值分类经营，基本指导思想是以价值为经营对象，遵循价值的发展规律。对林业的生态价值的经营，是以满足国土保安和改善生态环境为经营目的；对经济价值的经营，以市场为导向，以经济规律为基本规律，追求林业投资的经济效果；对社会价值的经营，遵循文化的发展规律，以追求社会发展、社会和谐以及文明的传播与继承为基本理念。通过分类经营，在经营对象实现各自增值的基础上，推动林业整体功能的最佳发挥，实现林业的可持续发展。

关于森林分类经营问题，国际上比较主流的分类经营理论模式为“邻接式多元化利用”，在一定地域上，划块分类经营利用，根据森林的主要功能划分为用材、防护、游憩、放牧等，发挥各自功能。国内理论界主流的观点认为“生态经济一体化的林业难以实施”，强调“……紧紧抓住解放和提高林业生产力这个中心环节，突出效益原则，强调结构效益，对林业实行分类指导，按照专业分工的原则对林业经营格局进行大调整，集中力量重点突破，以重点林业的高效益带动全局的发展”。林业分类经营理论，重视林业的功能建设，重视生态效益的提升。当前我国正在推行的“林业分类经营”实践充分反映了这种理论的成果。实施林业分类经营，就是按照森林主要用途的不同，将森林区分为公益林业和商品林业两大类，分别采取不同的管理体制、经营机制和政策措施。公益林业按照公益事业进行管理，以政府投资为主，吸引社会力量共建；商品林业按照经济产业进行管理，主要由市场配置资源，政府给予必要扶持。林业分类经营的理论与实践是我国林业经营史上的一大突破，但是将森林分为商品林和公益林，忽视了林业生态价值和经济价值的同一性，忽视了价值之间相互转化的可能性与现实基础。

林业价值分类经营思想，继承了林业分类经营的成果，弥补了林业分类经营的弊端，构建出全新的林业经营理念，通过对经营规律的准确把握和经营手段的正确运用，使得生态价值、经济价值以社会价值既实现了自身的发展，又确保了互利双赢，互促互进。

伊春试点的国有林业产权制度改革是以林业价值分类经营思想为理论基础的改革。它将部分国有林的林木所有权和林地经营权转移给个人经营，不是要尝试发展商品林，推动生态林与商品林的分类经营，从而达到林业经济效益与生态效益的分别扩张，而是将部分国有林业资源通过承包经营、产权交易等方式，实现经济价值的增值，同时实现生态价值的扩张，它是经济价值和生态价值的和谐与融合，是双目标的统一与结合。这是林业价值分类经营理论的突出特点，也是这次国有林权制度改革的重大特色。

3. 林业价值经营主体的确定

世间万物，各有其主。劳动者关心他的劳动所得；资本家关心他的资本所得。不同的价值，也有不同的价值主体。价值的主体指的是根据价值的不同内涵，顺应其发展趋势，迎合其发展规律，关心其发展成就之主体。为林业价值找到正确的经营主体是林业价值经营的关键环节，也是国有林权制度改革的成功所在。

长期以来，国有林区乱象丛生，生态效益与经济效益持续冲突，集体超采、个人盗伐现象屡禁不止。究其原因，就是林业价值经营主体的错位和缺位。

不同的林业价值，相应地有不同的经营主体。不同的主体关心不同的客体；不同的客体对应不同的主体。只有内涵关联正确，主客体定位合理，才能实现相得益彰，实现各自的科学发展。

政府、职工以及社会团体只有在价值分类经营的理念之下，通过产权制度改革，置于不同的价值经营主体地位，做国有林业的正确主人，才能真正发挥他们的积极性，真正实现价值的科学经营，有效经营。

面对一棵树，国家看到的是生态价值，个人看到的经济价值，社会看到的是社会价值。当前，尤其要大力推动经济价值与生态价值的责任主体的分置，形成个人关注经济，国家重视生态的良性格局，林业责任主体各司其职，各得其利，使得个人的经济追求与国家的生态追求得以有机结合，使得职工的造林积极性和国有林区营林事业融为一体，职工在承包之后为自己造林，为自己创造经济利益，同时，也在为国家创造生态效益，为国家营造一片青山，从而实现经济发展与生态建设的共同发展，共同繁荣。

2.2 基于价值分类经营理论的林权模式选择

林业具有经济价值、生态价值、社会价值等不同属性。就经济价值而言，林业属于私人物品；就生态价值、社会价值而言，林业属于公共物品。不同的价值属性，不同的产品特质，决定了其不同的产权安排。产权制度与价值属性的互动与协调，奠定了国有林业产权制度改革的理论基础，构成了国有林业产权制度改革的基本路径。

2.2.1 林业经济价值与私有产权互动架构

林业的经济价值，在特性上属于竞争性和排他性的物品，属于典型的私人物品。新制度经济学家认为，私人物品最适宜的产权制度形式是私有产权。对于消费和使用具有竞争性和排他性的私人物品来说，如果不确立私有产权而是采取公有产权的形式的话，必然会导致人们对这种物品或资产的过度利用，并出现张五常所说的“租值耗散”的问题。租值耗散，是张五常提出的一个著名定理，其内容是：如果说竞争是在没有规则的情况下进行，那么商品的价值就会烟消云散。

林业的经济价值如果采取公有产权则经济价值将出现过度利用。借助一个简单的图式模型来阐述，见图 2-1。

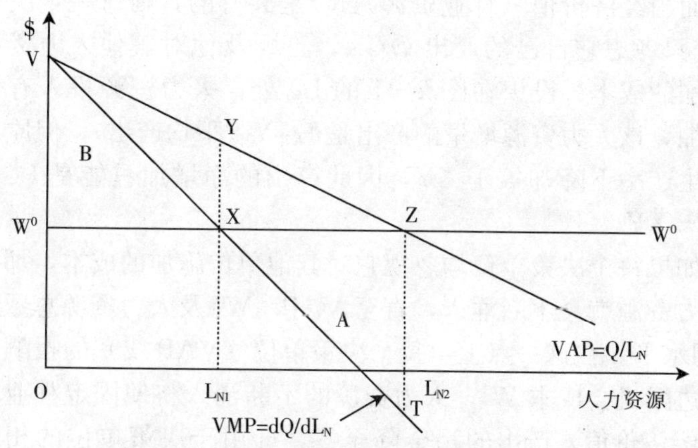

图 2-1 林业经济价值的租金耗散

在图 2-1 中，该模型假定，只有两种生产要素，同质的人力资源和固定供应的林业资源——经济价值 R^0。人力资源的机会成本由各种可供选择的（外部）市场工资率 W^0 决定。从图中可以看到，随着越来越多的人力资源被用到固定的林业资源（经济价值）R^0 上，劳动力的平均产品和边际产品价值下降。

我们考察多投入一个人力资源单位到 R^0 上的情况。这个人力资源单位 L_i 对总产出的贡献可以说是双重的。首先作为同质人力资源单位的一分子，L_i 生产出 Q/L_N。这里的 Q 是总产出的价值，L_N 是同质人力资源单位的总数。其次，新 L_i 的加入具有降低原有人力资源单位平均产品的效果——如 VAP 线的斜度所示。边际产品价值线 VMP 综合了上述两种效果，给出边际人力资源单位 L_i 用到经济价值（林业资源）R^0 上时，对总产出的净贡献。

假如林业经济价值（林业资源）R^0 是私有的，经济价值的所有者就一定会雇请 L_{N1} 单位的人力资源，因为在这个经营水平上，将会从 R^0 获取最多的租金收入，它由图 2－1 中的三角形 B（XVW^0）表示。

而当经济价值（林业资源）R^0 是共有的，则每一个决策单位 L_1 只考虑它自己的产出 Q/L_N，不顾及他对其他人力资源单位施加的成本。设想在图 2－1 的 L_{N1} 处，人力资源投入有微量的增加，该人力资源增量的产出是 $L_{N1}Y$（平均产出），但原有单位的生产率下降却等于 XY，因此产出的净增加只能是 $L_{N1}X=L_{N1}Y-XY$。

如果每个决策单位均忽视它对其他单位施加的成本，那么新的人力资源就会不断涌入，直至 $VAP=W^0$ 及人力资源总数达到 L_{N2} 的水平。在这一点上，每个决策单位（VAP 线）的报酬等于它的边际机会成本 W^0，人力资源的不断涌入将使固定林业资源 R^0（经济价值）产出的租金降至零，即由于决策单位的相互竞争作用，使来自固定资源经济价值的净收入全部耗散。在图2－1中，均衡点的耗散水平由三角形 A（XZT）衡量，它等于 R^0 能生出的最大租金额，即三角形 B（XVW^0）的面积。从图中可以清楚地看出，L_{N2} 减去 L_{N1} 的人力资源，对产出的净贡献低于它们在其他情况下的潜在贡献值（这可以由市场工资 W^0 来表示），而且增加到 R^0 上的最后一些人力资源的贡献，更是负边际产品。

图 2－1 模型提供了一个私人物品采取公有产权怎样能影响经济结果的醒目指示器。该模型暗示：当林业资源（经济价值）R^0 是公有财产时，它所能产生的租金会全部耗散，即经济产出被降低的数额正好等于租金的数额。进一步讲，当 R^0 是私有产权的情况，公有产权的 R^0 的私人投入单位会较多，以致他们的最后一些单位的净贡献低于其边际成本。

以上推之，林业资源的经济价值，作为私人物品，以生产商品为主要目标，以追求经济效益为唯一目的，从产权激励机制的角度判断，建立私人产权结构更有利于提高经济价值经营者的积极性，更有利于提高林业经济效益的实现水平。

2.2.2　林业生态价值与公有产权架构

林业资源的生态价值具有非竞争性和非排他性，属于公共服务品的范畴。理论认为，公共品的提供由私人提供往往是不经济的，也是不现实的，一般应当由政府提供，社会成员均等享受。

林业的生态价值，由市场机制决定的供给量会远远小于帕累托最优状态要求的数量。见图 2-2。

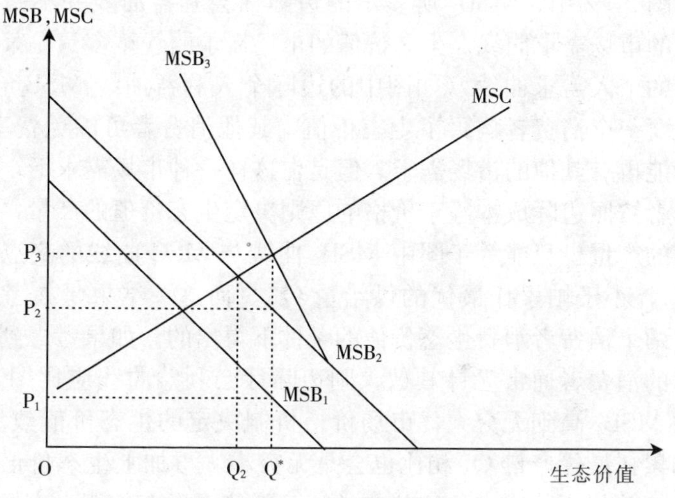

图 2-2　林业生态价值的提供

在图 2-2 中，作为公共物品的生态价值由 1、2 两个消费者共同消费，横轴表示生态价值的数量，纵轴表示生态价值的边际社会利益（MSB）和边际社会成本（MSC）。边际社会利益曲线 MSB_1 表示消费者 1 从增加的每一个单位生态价值的消费中所增加的个人利益。MSB_2 表示消费者 2 从增加的每一单位生态价值的消费中增加的个人利益。这些边际个人利益曲线也是各个消费者对生态价值的个人需求曲线，因为他们也表示了消费者消费的生态价值数量与他们个人愿意支付的生态价值价格之间的关系。各个消费者对生态价值的个人需求曲线（MSB_1 和 MSB_2）纵向加总得到图中的边际社会利益曲线（MSB_3）。生态价值的边际社会利益曲线之所以是由其消费者的个人需求曲线垂直加总所得到的，是由于生态价值的消费具有非竞争性和非排他性。生态价值每当有一单位增加，每个消费所消费的生态价值都会相应增加一单位，新增加的生态价值会增加每一个人的效用。边际社会成本曲线（MSC）表示增加一单位生态价值所增加的社会成本。

图 2-2 中，MSB_3 所表示的边际社会利益曲线并不是生态价值的市场需求曲线。生态价值的市场需求曲线至多只是某个消费者的个人需求曲线（如图中的边际个人利益曲线 MSB_2），因为只要一个消费者购买了生态价值，其他消费者可以免费享受，不可能再有其他的市场需求。但是在这样一种市场需求下，即使生产者按照边际成本等于价格的原则决定生态价值的产量，生态价值的产量也只能等于图中 MSB_2 曲线与 MSC 曲线的交点决定的 Q_2，小于帕累托最优的供给量 Q^*。而这一结果是在考虑到只有两个消费者消费生态价值的条件下得出的。如果考虑到生态价值的消费者通常无计其数，则边际社会利益曲线应比图 2-2 中的 MSB_3 高到无穷大，市场价格机制决定的生态价值数量 Q_2 与帕累托最优产量 Q_3 相比也会是无穷小。再加上生态价值生产的第一单位边际成本往往就非常高，就使得生态价值由市场机制决定的产量常常为零。

这样，在市场机制作用下，生态价值的市场需求量接近零。但这不表明社会对生态价值没有需求，只是由于生态价值不能保证供给者实现利益性的交换，才使得无法形成有效率的生态价值的市场交换价格，使得不存在市场的生态价值的供给。这样，政府对生态价值供给的介入就成为必然的了。

以上推之，林业资源的生态价值，作为公共物品，以生产社会公益产品为主要目标，以追求公共效益和社会效益为唯一目的。从产权激励机制的角度判断，生态价值的产权结构适合以公有产权形式作为最优的选择。

2.2.3 林业的社会价值与公有产权架构

林业社会价值具有非竞争性和非排他性，属于公共品，以生产公益产品、创造公益价值为目标。理论认为，公共品的提供由私人提供往往是不经济的，应当由政府提供，社会成员共同享受。从产权激励机制的角度判断，林业社会价值的产权结构适合以公有产权形式作为最优的选择。林业社会价值与公有产权的互动模式可参照生态价值与公有产权的互动架构。

林业的社会价值，体现着人文的关怀，文明的传承，和谐社会的内涵。林业的社会价值对于人类、对于社会、对于文明的特定内涵与深远影响，决定了政府对林业社会价值的提供与经营承担了更多的责任。2004 年 9 月 1 日，伊春市政府颁布市长一号令，在伊春境内全面停止采伐天然红松林木，正是体现了政府对社会价值的责任与义务。对于那些以公益事业为目标的社会团体，政府应赋予其部分政府职能，鼓励其对林业社会价值的投入与经营。

2.2.4 林业三大价值的经营和提供方式

林业的经济价值、生态价值和社会价值的价值经营既相对独立，具有自身的规律性，又能在实践中实现相互的互补与共存。

林业的经济价值，属于私人物品，其产权目标定位应为私人产权，主要应由私人经营和提供。私人经营林业经济价值的效率更高。这也是本次国有林业产权改革的理论基础。私人的经营方式可以采取个人经营、联合作业、规模化经营等多种方式。

林业的生态价值和社会价值，属于公共物品，其产权属性应界定为公有产权，其经营者和提供主体主要为国家，政府具体负责。也就是说，国家承担着改善国家生态环境的责任和义务。经营形式主要是建立国家生态公园、森林无人区以及公益林等方式。

从以上分析看到，经济价值和生态、社会价值的经营主体和经营方式是大不一样的，两者似乎存在着不可调和的矛盾。从林区发展实践中似乎也印证了这种冲突和矛盾，表现为两种悖论：

“砍—卖—实现经济价值、同时破坏了生态价值”；

“不砍—不卖—实现生态价值、同时破坏了经济价值的实现”。

国有林区在砍与不砍之间、经济价值和生态价值之间始终无法找到一条双赢的道路。国有林权改革破解了这一难题，实现了经济价值和生态价值、社会价值的共同发展。

通过国有林权制度改革，建立产权交易市场，推动产权交易，丰富林业经济价值的实现形式，是实现私人实现经济价值同时也能够提供生态价值、社会价值的重要途径。长期以来，林业经济价值的实现形式惟有砍伐一途，市场上卖“尸体”，别无良策。经济价值实现形式的原始、单一和僵化，直接导致了经济价值与生态价值的相互对立，无法共存。破解这一难题的关键就是实施产权制度改革，就是以产权为桥梁，以市场纽带，推动林业产权的自由交易，把林木、林地资源变成资产，变成资本，通过资本运营，资本流转，丰富林业经济价值的实现形式，也就是不用砍树卖“实体”就能实现经济价值，从而实现林业的经济价值与生态价值相互转化，相得益彰，共同发展。以此为基础，个人的经济追求与国家的生态追求实现了有机结合，职工在承包之后为自己造林，为自己创造经济利益，同时，也在为国家创造生态效益，为国家营造了一片青山，职工造林积极性和国有林区营林事业融为一体，实现了经济发展与生态建设的共同发展，共同繁荣。国有产权制度改革从经济价值的经营作为切入点，借助产权交易这个模式和平台，实现了经济价值和生态价值的共存和共同发展，是本次国有林权改革的重要内容，也是重大突破。

2.3 基于价值分类经营理论的国有林权制度改革框架

2.3.1 林业产权的特点

产权，即财产权利，也称财产权。它反映了产权主体对客体的权利，包括财产的所有权、占有权、使用权、支配权和收益权等。德姆塞茨（H. Demsetz，1967）认为，产权是能够帮助一个人形成他与其他人进行交易时的合理预期，并引导人们实现将外部性内在化的社会工具。而阿尔钦（A. Alchian）则将产权定义为"一个社会所强制实施的选择一种经济品的使用的权利"，也就是一种对资源的多种用途进行选择的权利[71]。考特和尤伦（Robert Cooter and Thomas Ulen，1988）从法律的角度，认为"财产（权）是一组权利，这些权利描述一个人对其所有的资源可以做些什么，不可以做些什么；他可以占有、使用、改变、馈赠、转让或阻止他人侵犯其财产的范围。"也就是说，产权既是一种权利，又是一种自由。权利意味着产权主体有保护自己的利益而免受他人强加成本的制度保护；自由意味着产权主体可以按照自己的喜好支配属于自己的财产。

森林资源产权的功能主要表现在对产权主体的激励、约束和对森林资源配置的优化方面。由于森林资源产权关系实质上是一种利益关系，在物质利益的驱动下，森林资源产权的所有者必然尽其所能发挥森林资源产权的作用，在实现森林资源产权主体物质利益的同时避免了森林资源的浪费。尽管产权主体不一定能最高质量、最好地利用森林资源，但充分发挥人们利用森林资源的积极性、主动性却是森林资源可持续发展所需要的。在物质利益的驱动下，森林资源产权关系同时又演变成一种责任关系，即约束产权主体对自己森林资源产权的保护和关心。可以说一旦界定了森林资源产权，就有了森林资源产权的法律保护，森林资源产权主体就会主动保护森林资源产权不受破坏，从而促进森林资源的可持续利用。物质利益的驱动还会导致森林资源产权的流动，使森林资源通过市场配置到最善于利用森林资源的人手里。由此可见，无论是从发挥人们保护和利用森林资源的积极性、主动性上讲，还是从促进森林资源优化配置、提高利用率上说，森林资源产权制度对森林资源可持续发展都有着不可替代的重要作用。

森林资源产权具有如下的特点：

1. 产权的结构性和不完全性

这个特性是由森林资源的结构复杂性决定的，相应包括三种产权结构：一是林地产权。林地产权属于不动产性质，有区位和质量差异，因而其收益权差异较大。二是林木产权。即狭义的森林资源产权，具体包括林木占有权、林木收益权、林木使用权、林木处分权，它是林业产权的主要构成，其产权具有一般资产产权的所有特性，因而它成为交易计量、收益的主体，成为实际运作的标的。三是环境资源产权，即环境生态收益权，它是林业产权中最具特色的构成，正是因为有了它，才使得森林资源产权具有不完全性，或者说是不可控性，也就是说，森林环境资源消费的公共性决定了对环境收益的排他性减弱，这种排除的困难性使得林权所有者不能完全支配和占有林业收益，对于林业产权主体而言，这是无法回避的现实，也正是林业产权的“先天缺陷”之所在。

2. 产权的政府约束性

产权收益的实现是要受到法律政策的约束的，它在林业上表现较为突出。国家为了保持森林资源存量的稳定以持续发挥森林的生态、经济、社会效益，会采取一系列行政干预措施，使得林权主不能随意支配自己的林木资产，比如限制采伐量和林地不能挪作它用等，造成林权主体收益实现受阻，不能像其他商品一样可以自由进出交易市场，特别是用作公益性质的森林资源，在目前情况下还不能自由进出市场，政府行为在这里起到了制衡作用，因而林业产权的交易受到了政府的约束。

3. 产权的自然残缺性和自然增值性

森林资源是存在于广阔的大自然之中的，其内部有自己的消长规律，不断进行群落演替，这必然影响到资源存量的保管和核算。一方面表现为林业产权的自然残缺性，它主要是指森林资源遭到自然灾害（如水、火、虫、风灾）和人为因素（如偷砍、滥伐等）破坏，造成森林资产的流失，使得林业产权主体的收益受损。另一方面表现为林业产权的自然增值性，这是由森林资源的再生增值性决定的。林权主一旦拥有森林资源，它不仅可以生产林木获得收益，而且即使不进行交易，森林在自然力的作用下，也会不断增值，而不像其他资产那样，若不经营或使用就无价值体现，甚至还会贬值，这也是它在交易中存在的原始动力。

4. 产权主体的多元性

森林资源产权的主体多元性是由林业所有制的多元化与产权的层次性决定的，目前我国常见的林业所有制有全民所有制、集体所有制、个人所有制以及合资、合作等其他形式，而各种所有制形式都有产权的三个层次存在，且每个层次都包含森林资源产权的三种结构，这种层次结构的多元和所有制的多样必然形成错综复杂的产权关系，各种产权主体呈现多元化倾向。由于历史的原因，在理顺这些关系缺乏科学周密的考虑和规范的制度设计，留下了很多难解的问题，它成为现代林业产权关系模糊的全部症结，林业内部本身的产权问题是自身无法解决的，规避它的“先天缺陷”就必须进行林业产权制度的改革和创新。

2.3.2 国有林权改革的基本思想

国有林权改革的基本思路，就是以林业价值分类经营理论为指导，将国有林之一部分采取公有产权的形式，以生态价值为经营目标，国家为经营主体，经营形式以国家森林公园、无人区为主；国有林之另一部分采取私人产权的形式，以经济价值的增值为目标，个人为经营主体，采取承包经营，外来投资等形式。用一个公式来概括：

国有林权制度改革＝部分国有林业的公有产权（以确保生态价值）＋［部分国有林业的（清晰的、排他的、可交易的）私有产权（以确保经济价值）＋林业产权交易（以丰富林业经济价值的实现形式从而扩大生态价值）］

其中，把国有林业进行产权主体置换，充分发挥个人对经济价值的本性追求，把国有变为民营，构建清晰的、排他的、可交易的产权，通过产权市场，推动产权交易，从而在推动林业经济价值增值的同时，实现林业的经济价值、生态价值与社会价值的共同发展，是国有林业产权制度改革的重点，也是本文研究的核心内容。

在国有林权改革中，构建清晰的、排他的、可交易的产权，是国有林权制度改革的内容，更是改革的目标。

2.3.3 国有林权改革的目标及主要内容

国有林业产权制度改革的出发点和落脚点在于实现林业价值的增值。产权制度的安排与运行将对林业价值的增值产生积极有效的影响。

长期以来，国有林业生态效益与经济效益的持续走低，根本原因在于产权制度的缺失以及产权改革的滞后。实施国有林权制度改革，是国有林业实现振兴的必然之路。实施国有林权制度改革，具体来说，就是按照“远封近分”的原则，大部分仍然保持国有国营，对林农交错、浅山区相对分散、零星分布的易于分户经营的部分国有林，由林业职工实行家庭承包经营，把林地的经营权、林木的所有权和处置权全部交给职工，一定 50 年不变。

在承包经营期内，可以转让、继承、变卖，可以参加保险，可以抵押贷款，切实做到“林定权、树定根、人定心”。

产权的效率将决定改革的成败。美国经济分析法学家波斯纳对产权效率机制归纳为：一是产权的明晰性；二是产权的排他性；三是产权的可交易性。没有明晰、排他的且可转让的产权，市场体系就无法建成，由产权重组而成的林业效率机制也无法形成，换句话说，没有明晰、排他的且可转让的产权也就没有真正的市场，也没有真正的林业。高效的产权模式，才能真正提高经营者的积极性，最优配置资源，激发林业投入，激发保护的热情。产权的明晰性、排他性和可交易性，是这次改革的出发点和落脚点，也是这次改革成功与否的重要条件和基础。

1. 构建明晰化的林业产权

产权明晰，是指不同的产权，其边界应界定清楚。产权的明晰与产权主体的责任相关联，产权不明晰，会导致权责不明，产权的价值就得不到保证。国有林业产权制度是否合理有效，取决于林业所有者、经营者以及使用者之间所形成的产权关系明晰化程度，以及由此决定的各利益主体之间的利益关系的明晰化程度。林业产权关系越明晰，利益关系越明晰，林业利用就越经济，效果就越高。反之，林业产权关系越模糊，林业经营中的利益、责任关系越混乱，林业的经营就越不经济，越没有效率。

(1) 产权明晰化与森林资源的保护。国有林业的产权制度最大的弊端是名义上产权是清晰的，所有人是存在的，实际上不存在具体的所有人，没有人真正关心所有权人的利益。[73] 国家森林资源行政管理机构与森林资源国有经营单位之间政企不分，经济利益高度关联，国家代理人很难对森林资源实施有效的监督和管理。国有林业经营单位缺乏来自所有权人的硬性约束，只专注于本部门、本单位和本行业的经济利益，对所有人的利益关心不够，甚至常常做出损害所有人利益的行为。林业职工名为大山的主人，但是只有责任没有权利，只有义务没有利益。造林不负责任，护林积极性不高，工作应付了事。国有林区长期处于工作要求与工作落实不一致，说的与做的不一致，账上数字与实地数据不一致的矛盾当中。“公地悲剧”一再上演。森林资源的超采、盗采、毁林现象屡禁不止。森林资源过度消耗的势头仍未得到根本遏制。森林资源的有效恢复任重道远。

进行国有林权制度改革，就是通过划分产权，确保不同产权主体的权利、责任边界清晰化，使得权利与责任对称，建立起有效的激励与约束机制，从而调动广大林业职工的经营积极性，使森林资源综合经营水平实现大幅度提高。把森林资源流转给个人后，在市场竞争形成的价格机制引导下，林业职工的个人取利的行为将会趋向于边际收益与边际成本相等这一帕累托最优状态。职工群众花自己的钱办自己的事，用自己的钱造自己的林，造林质量将大大提高，多年造林不见林现象将得到彻底扭转；以往在民有林区域和周边地块，烧了林子不心疼，甚至故意纵火烧山的现象必将消失，森林安全系数将会大大提升。森林的恢复发展速度必然加快，林分质量必将大幅度提高，森林生态系统的整体功能必将增强，这对于恢复和改善小兴安岭的生态环境，对于保障松嫩平原和三江平原两大“粮仓”的安全，对于保障国家生态安全将发挥重要作用。

（2）产权明晰化与国有林业的投入。产权安排对投资主体、投资渠道与投资激励具有重大的直接的影响。沿袭国有国营的产权体制，国有林业无法成为有效投资载体，社会资金缺乏进入渠道和投资激励，林业发展投入只能依赖于国家投资和国有林业企业经营利润，而事实上这两个渠道目前的投入能力十分有限。随着天保工程的实施，木材产量下调，育林基金年提取总量相应减少，国家投入手段更趋单一；国有森工企业早已出现全行业亏损，负债累累，自有财力维持正常经营运转尚且困难，拿不出资金搞林业建设。国有林区陷入了等米下锅的困难局面。

通过国有林权制度改革，进一步明晰产权，辅之以资本运营、资本流转的经营方式，有效地激活了民间资本，解决了森林培育投入乏力问题。一下子敞开了民间资本进入的闸口，职工群众投资林业发展营造民有林的积极性非常高涨，使国家投入不足部分得到了一定程度的补充。同时，体制外战略投资者进入国有林区的积极性被激活，进入渠道将随着改革的深入实现进一步的畅通，国有林业投入问题将得到根本解决。

（3）产权明晰化与林区生产关系、生产力的解放。由于单一的国有国营模式，计划经济大锅饭，职工劳动积极性严重受挫，国有林区生产关系已经严重束缚了生产力的发展。马克思指出："人们奋斗所争取的一切，都同他们的利益有关。"列宁也指出，要实现共产主义，不仅要"借助于伟大革命所产生的热情"，而且还要"依靠从个人利益上的关心"，否则，"就不能把千百万人引向共产主义"。在当前林业职工对森林资源依赖性很强的情况下，不打破现有体制，不进行产权制度改革，不把森林资源的经营权与收益权放给职工，不把森林资源管护、培育的责任与职工的切身利益直接挂钩，生产关系就无法调整和理顺，生产力就无法恢复和提高。

这次国有林业产权制度改革，把林地的经营权、林木的所有权和处置权都交给了职工，从而把职工的利益、职工的积极性和国有林区造林、营林的事业完全融为一体。打破了国有林区国有国营一统天下的经营管理体制，理顺了林业生产关系，解放和发展了林区生产力，有效解决了国有林区长期存在的养林与养人、生存与发展、生态与经济的激烈矛盾冲突，走出了一条经济繁荣、社会进步、生态良好的可持续发展之路。

2. 构建排他性的林业产权

产权的排他性是资源得以有效利用的前提条件。"只有在相互社会成员之间划定特定资源的使用的排他权，才会产生适当的激励[74]"产权的排他性，不仅意味着不让他人从该项资产中受益，而且意味着资产所有者要排他性地对该项资产使用中的各项成本负责，包括承担排他性的成本。一旦确立了排他性产权，产权主体就可以在规则允许的范围内和不损害他人权益的条件下自由支配、处分产权，并独立承担产权行使的后果，包括收益与成本。如果产权不具有排他性，就会面临“搭便车”或“偷懒”行为对产权的损害；如果产权主体不能独立承担产权的行使后果，就会导致产权的滥用或资产的流失。总之，物的排他性与物的使用效率成正比例关系。

（1）排他性产权与“公地悲剧”。大量的事实表明，我国国有林业的退化和大面积毁坏，主要是因为有关方面竞争性和掠夺性使用林业资源造成的。从经济学意义上讲，当林业资源使用权不具有排他性时，它就具备了“公地悲剧”的条件。共有资源具有竞争性，而没有排他性。竞争性是指人们都有权利通过使用某种资源或物品去获取私人的经济收益，因而当某个人或团队使用了该资源或物品时，留给其他人及团队的数量就会减少。同时，在人们可以免费使用该资源和物品时，使用者之间又不具有排他性，由此会导致人们对该资源或物品的过度使用甚至毁损的行为。由于国有林业的产权不明，至少未曾建立明确、有效、排他的产权制度，没有形成对人们经济行为有效的产权约束。人们的乱砍滥伐活动是毋需付费的，人们从中得到的收益是明晰的、归属到个人的，而造成的损失以及破坏则是虚置的、无个人归属而最终要由全社会共担的。在这种情况下，林业资源的“公地悲剧”就难以避免。每个人出于自身利益最大化的考虑，他们最有可能选择的不是保护性使用林业资源，而是竞争性或掠夺性使用林业。所以伊春国有林区出现了小学生将父亲职业登记为“偷木头”、为采摘价值十几元的松塔而将经济价值数千元、生态价值社会价值难以估量的红松拦腰砍断等现象。

在说服每个林业职工主动自觉去保护森林的可能性极小的情况下，政府的最佳选择是供给林业职工排他性的林业产权，把林业资源的林木所有权与林地经营权交给林业职工。在排他性产权确立的条件下，公有资源细化成一块块私有财产，每个职工都拥有了自己的物质利益，精心呵护属于自己的林业财产，最大限度地使其增值，从而根本上消除了破坏林业资源的现象，基本遏制了“公地悲剧”的重演。

（2）排他性产权与私人财产保护。私人财产的保护是生产和生活的不竭动力。著名经济学家 W. 阿瑟·刘易斯说，经济增长要靠人的努力，而除非保证人们努力的成果由他们本人或他们承认其占有权的人获得，否则他们将不会做出努力[75]。确立排他性产权，将有利于对这种努力成果即私有财产的保护。

排他性产权为人们的经济行为提供了最有力的约束。排他性的存在，使得财产使用上的所有外部性都被内在化了，消费者会精打细算自己的消费支出，生产者会千方百计节省成本开支，经济效率由此提高。[76]排他性的确立是私人财产的典型特征，也是实现有效保护的先决条件。早在二千多年前，亚里士多德就说过，人们对和他人共同拥有的东西总不如对只有自己拥有的东西那样关心[77]。财产私人所有者总是密切关注自己财产使用情况，想方设法确保自己的财产保值增值，竭尽所能避免财产遭到损坏、滥用或错用。政府提供的法律制度也将为私人财产权提供强制性的保护。

进行国有林权改革，就是将林地经营权和林木的所有权和经营权赋予林业职工。林业职工一旦开始承包经营，林业资源的产权归属便准确界定并依法明确认定，就具有了排他性，承包者便会千方百计确保自己的林业资源财产的完整。为了自己的经济利益，承包者会以科学的、积极的、负责的态度保护这片资源，壮大这片资源。不仅如此，即使承包者并不期望亲自从林业财产的未来收益中获利，排他性产权制度也会鼓励所有者考虑子孙的利益而使其延续与发展。

（3）排他性产权与价值预期。德姆塞茨说：“产权是一种社会工具，其重要性在于事实上它能帮助一个人形成他与其他人进行交易的合理预期”。[78]

预期是对人们的经济行为产生重要影响的因素和力量。凯恩斯发展了经济学的心理分析，提出三个心理法则，即边际消费倾向法则、资本边际效率法则、流动偏好法则，并且将投资需求不足最终归因于资本边际效率法则和流动偏好法则。毫无疑问，企业家进行投资决策时，面临的是不确定的前景，理论上说，他没有赖以评估未来的客观手段，也缺乏保证不利结果不致出现的实际工具。那么，实践上，他又是凭借什么做出投资或不投资的决定的呢？凯恩斯认为，在这里，预期是决定性的因素。他说，企业家要作两方面的预期，资本资产的收益预期与供给价格预期；贴现预期收益与预期供给价格比率的大小，左右着一项投资决定是否做出。这个比率大于1，投资或继续投资才有利可图，投资或继续投资行为才会发生。[79]

建立排他性的产权，有利于物品的产权人建立一种价值预期，从而有利于其投入努力去改善物品的性能，从而提高物品的价值。这次国有林权改革，将林木的所有权和林地的经营权承包给林业职工，50年不变。这是一个长期的承诺，也是以政府的信誉作担保、以合同的形式加以约束的承诺。在这50年里，林业职工有权处置林木资产，有权在林下种植各种植物。这将有力地提升林业承包者的预期，从而鼓励并推动承包者加大对林业资源的投入。

3. 构建可交易的产权

所谓产权的可交易性，是指财产在不同的所有者之间的转移。产权的可交易性，不仅有助于产权主体自主地拆分、组合各种财产权利关系，灵活地选择各种有效的组织形式，促使资源根据市场需求在全社会自由流动，提高资源的配置效率，而且赋予产权主体以自由退出权，一旦交易主体的利益受到损害，他就可以通过转让资产来行使退出权，保护自身的利益。

进行国有林业产权制度改革，产权的可交易性是确保国有林业产权改革顺利进行的重要先决条件。

(1) 可交易性产权与资产评估。独立、客观、公正、科学的资产评估，既是国有林业资产管理部门加强国资监管，防止国有资产流失的一项重要措施；又是投资者和所有者在林业产权交易中实现公平交易的有效办法，对培育林权交易市场，搞好林业资本运营都有着积极的现实意义和深远的历史意义。

实施国有林权制度改革，推动林地承包经营，必须坚持对国有资产保值增值高度负责的精神，按照国家规定的森林资源资产评估指标体系和操作规程，对每一宗承包林地，均由指定的资产评估机构进行客观、准确的评估，评估报告必须经相关林业主管部门核准后，方可实行有偿承包转让。

在资产评估工作中，既要坚持林业资产价值的绝对性和客观标准，尽可能地限制主观因素，同时也要充分考虑产权交易有关各方的特殊性以及产权交易的环境因素，确保资产评估为产权交易服务，为国有林权改革服务。评估工作要做到公平、公正、公开，经得起历史的检验，经得起市场的检验，也经得起群众的检验。

(2) 可交易性产权与产权交易平台。产权交易平台是实现产权交易顺畅进行的基础与前提。

这次国有林权改革的一个创造性举措，就是建立了活立木市场。通过建立活立木市场，把林木、林地资产变成资本，资本进入市场，实行活立木市场流转，突破了“前人栽树、后人乘凉”的概念，变成当代人栽树，当代人就能马上受益；突破了过去只有把林子砍了才能实现价值的概念，开创了国有林区活立木增值、活体流转，经济效益、生态效益并行不悖、共赢双收的先例。

活立木市场的建立是林业产权交易平台的一项重要的基础性工作。但是随着国有林权改革的深入进行与全面推开，产权交易平台的建设依旧是任重道远。要致力于把林权交易市场建设成一个信息畅通、服务完备、管理规范的林业产权综合交易平台。既要有全国性的总的交易平台，也要有各地根据实际情况设立的分平台，统一调度，统一配置，统一管理。平台应采取“产权项目交易与实施相结合，网上市场与网下市场相结合，国内交易与国外交易相结合，日常展示与专题推介相结合，项目推介与项目需求相结合”的形式，以求达到信息沟通迅速、交易科学规范的目的。

(3) 可交易性产权与产权交易对象的多元化。林业产权交易对象的多元化，是国有林业产权交易顺畅的保证，也是国有林业实现快发展、大发展的必要条件。

林业产权交易对象多元化的实现，关键是要从产权层面放宽林业的准入限制，在更大的范围内推行股份制，吸收各种资本的参加。

推进国有林业产权制度改革，首先要吸收林业职工参加这次改革。一方面通过改革充分发挥广大职工的积极性和创造性；一方面通过改革提高广大职工的生活水平。国家决定开展伊春国有林业产权制度改革试点，本身就带有明显的对国有林业职工补偿的特点。因此，前期改革试点，必须坚持做到承包主体全部为普通林业职工，外部投资者暂不进入，而且各级领导干部也不能参与，不能“与民争利”，更不能私留山林。同时，还必须充分考虑林业职工的现实承受能力，承包价格的确定要做到既参考市场价格又确保职工能够接受，通过采取拖欠工资抵顶、抵押贷款、分期付款、林业局借款、股份合作经营等多种形式，确保所有有意愿的职工都能买得起，让普通职工拿到“原始股”，让普通职工通过林权改革率先脱贫致富。

随着国有林权改革的逐步深化，在照顾林业职工利益的基础上，要致力于通过产权交易市场吸纳民间资本和境外资本，重组国有林业资本。允许有实力的民营企业参股林业，一方面可以释放民营资本长期积累的投资能量，另一方面有利于林业吸收各种管理模式的精华。国外林业企业经历了多年的市场化运作，积累了丰富的运营经验，进入中国后可以为国有林业注入新的生机和活力。

2.4　本章小结

本章对林业价值的源泉、林业价值的形态作了深入的剖析，在此基础上提出了林业价值分类经营理论。本章认为，国有林权制度改革的目标是林业价值实现全面提升，改革的基本方式是构建有效率的产权制度。产权与价值的互动构成了国有林业产权制度改革的发展路径与发展方向。

3 国有林权制度改革模式设计

3.1 伊春实施林权制度改革经验借鉴

3.1.1 伊春林权改革概况

伊春林区在1998年就开始林权制度改革探索之路，经过多年的积极对上争取，终于在2004年4月被国务院批准为全国唯一的国有林区林权制度改革试点单位。2006年1月国务院第119次常务会议原则通过了伊春林权制度改革试点方案。在试点启动之前，伊春市政府就进行了充分的准备，及时成立了市林权制度改革领导小组，建立健全了专项工作机构，全面强化了宣传引导，形成了强力推进林权制度改革的浓厚氛围；制定了试点实施方案及其细则，并据此分别拟定了收益管理办法、资产评估管理办法；在总体规划范围内，对拟承包地块进行现地区划调查，为启动试点工作奠定了坚实基础。

2006年4月29日伊春市政府在乌马河林业局乌马河经营所正式启动实施中国有史以来第一次国有林区林权制度改革试点，开启了“三林”流转的历史先河，之后相继在经国家林业局批准的5个试点林业局全面展开，重点对已完成调查区划的急需造林的疏林地、无林地和荒山荒地先行进行了承包经营。目前已经完成8万公顷的流转任务。取得林地承包经营权的职工，在经营管理上表现出空前的积极和踊跃，先期承包的林地，全部完成了造林和森林抚育管理工作，不仅没有发生林地逆转现象，而且造林面积还在扩大。一些林缘小开荒、林内的农田地，都被承包职工主动退耕还林，而且苗木长势良好，管护非常到位。

3.1.2　伊春林权改革原则与目标

伊春市政府坚持以邓小平理论和“三个代表”重要思想为指导，树立和落实科学发展观，按照《森林法》和《中共中央国务院关于加快林业发展的决定》（中发［2003］9号）确定的有关原则和精神，以实现森林可持续经营和国有林区的可持续发展为目标，以保护和培育国有森林资源、增加职工收入为出发点，调动林区广大人民群众的积极性，促进林业资源的优化配置和各种生产要素向林业的有序流动，维护产权主体的合法权益，建立与社会主义市场经济体制相适应的新型林业管理体制和经营机制，为建设社会主义新林区奠定坚实的基础。通过国有林区林权制度改革试点，改变国有森林资源国有国营的单一模式，推进森林资源经营机制转换，建立森林资源统分结合的经营管理新机制，以林权制度改革为带动，推进国有林区的全面改革。

3.1.3　改革的难点和重点

针对国有林区的现状，如不从产权制度根本上解决问题，则必然无法实现对森林资源的有效保护，无法保证国有林业必要投入的持续性，无法理顺林业生产关系，解放和发展林区生产力，更无法实现林区职工的脱贫致富。伊春市作为国有林区的典型代表，深刻认识到了产权制度弊端下的困扰，为了开辟发展出路，重新创造发展动力和活力，伊春市率先提出了将国有林区改革的思想落实到实际行动中、以改革促发展的思路，然而从何做起，落到哪里却是一个改革的关键。针对问题所在，对症下药无疑是明智、合理的举动，伊春作为改革“第一人”，在经过调查分析之后，结合具体的实际情况，为充分发挥和释放森林的“三大效益”，合理安排和保护森林资源，走一条协调、可持续发展的林区发展之路，以下内容应当进行改革、调整。而现实中，这些内容也正是林区发展的障碍和难点所在。

1. 林权流转的设定

森林资源流转方式的合理、多样化和流转途径的畅通是森林资源实现市场化，在机构和个人之间进行合理配置的前提和保障。而且对于森林资源富集而经济落后的地区来讲，它是资源顺利资本化的有利途径。而且只有明确了流转方式和途径，才能够实现森林资源三大价值的合理安排，尤其是对生态价值的保护与开发和社会价值的充分实现。然而现行的产权制度严重阻碍了森林资源流转方式的合理、多样化。由于国家所有，不允许拍卖、承包等方式的存在，这严重限制了林区职工发挥主动性、积极性，抑制了林区的活力，并导致了森林资源配置的不合理，又由于对于流转范围的限定也导致了流转方式的不全面。所以，在国有林区的改革过程中，必须涉及到产权流转，这是改革的构成内容之一。只有真正划分流转范围，设立合法、合理、全面、多样的流转方式，才能够调动林区内部保护、创业、投资等积极性，实现林区全面、可持续发展。

2. 明确投资主体

只有明确了投资主体，才能够相应制定出合理的管理机制与激励机制，在现有情况下获取最大收益，达到价值平衡。没有明确的投资主体和利益相关者，很难实现明晰所有权，放活经营权的目的，也同样无法实现生产要素组合的最优化。而目前国有林区的投资主体并不合理。一方面投资主体较为单一，政府作为非最终最大受益者却投入最多，另一方面，受益最多的群体诸如企业等不进行投资，而真正的主体却没有投资的机会，也没有投资的意识，这样必然导致各个群体都不愿进行投资，而却希望索取，所以为了使林区的发展之路顺畅，必须要对投资主体进行调整和规定，将其纳入改革之中。

3. 转换政府职能

产权的政府约束性决定了只有政府改革功能的恰当和充分发

挥，才能保证森林资源的合理采伐，三大效益的充分发挥，国有林区的良好发展。政府管制太紧会造成林区发展缺乏自主性和应变性，而政府的职能发挥不到位则造成资源的过度开采。对于国有林区实施的改革来讲存在的问题是政府职能不符合改革的要求：首先，管理不到位。当前，国有林区政府并不是很明确其具体的管理内容，造成的情况是名义上大包大揽，而实际上却完全放手不管。没有关于森林资源开采、流转的管理、监督、检查，也没有专门的资产许可监督管理办法。其次，服务不到位，服务系统不健全，缺乏针对森林资源具体特点的有效服务体系，综合服务平台欠缺。不仅没有指向性较强的信息咨询服务中心，而且没有整体的规划部门。这种服务体系的不健全不仅在过去严重影响了林区的发展，而且是林区改革道路上的一块绊脚石。总之，政府部门由于现有问题较多，而自定位不明，必须在改革的过程中调整职能，只有这样才能够保证改革的顺利进行。

4. 健全林区的社会保障体系

健全而有效的社会保障体系的建立是社会良性运转的必要条件。只有有了健全的社会保障体系才能解决改革的后顾之忧，激励目标群体的积极性。国有林区的社会保障目前存在的问题较多，总体看来是体系不健全。具体来看，对人民生活的社会保障匮乏，对于贫困状态的居民补助不多。现行保障制度不适应森林资源的发展需求等等，改革的后顾之忧较重，所以要顺利推进改革必然要进行相应的保障体系的完善和健全的工作。

5. 法律的合理化和完善化

法律的合理化和完善程度在一定程度上决定了我国森林资源产权制度的合理和完善程度，随着国有林区固有产权制度的缺陷的暴露和国有林区内在为题的凸现，原有相关法律的诸多问题也暴露了出来了。首先是法律体系的滞后，原有法律规定的林地流转范围已明显落后于林业生产实践。其次，法律执行不力，作用发挥不充分。以现行的《森林法》为例，它尽管做出了森林资源的产权创新性制度安排，对设立森林生态效益补偿做出了规定，但由于其可操作性不强，在实践中并没有得到很好的实施，并且与可持续发展法律的制度要求有较大的距离。法律中存在的问题导致法律的功能欠缺，它不仅无法帮助建立明晰的森林资源产权关系，维护森林、林木和林地流转中和流转后的产权人的合法权益，而且不利于监督和协助政府管理森林资源。若不对法律进行健全和完善，则国有林区的产权制度的改革也比较难以实现。法律体系的健全既是改革的内容，又是改革顺利进行的强有力的保障，它与政府的约束功能的发挥和社会保障的真正落实直接，密切相关，并与他们一起保障林区发展。

3.1.4 伊春林权改革的实施方案

伊春市林业产权改革的主要对象是浅山区林农交错、相对分散、零星分布、易于分户经营的部分国有商品林，这部分国有林由林业职工家庭承包经营；而大面积、集中连片的公益林和商品林，仍由国家管理。按一沟一系一坡的自然界限，并结合森林经营区划，按每户 5～10 公顷的规模，实行林地承包经营。林地承包经营期限不超过 50 年。

由伊春林业管理局委托试点单位（林业局）与林业职工签订书面承包合同明确双方的权利义务，对林地使用权和林木所有权归属，流转收益分配以及合同期满后尚未采伐的林木处置等事宜在合同中予以明确约定。

为保证承包过程的公开、透明和公正，国有林地承包经营分别采取拍卖、招标、协议等方式进行。林地承包经营按以下程序和主要环节进行：①查清资源底数。不超过一个经营期（10 年）的森林资源规划设计调查（二类调查）成果资料，可根据台账修正调查成果；超过一个经理期的，必须严格按照国家林业局颁发的《森林资源规划设计调查主要技术规定》（林资发［2003］6

号），对其进行一次全面的二类调查，摸清资源底数。该调查成果形成后，由黑龙江省森林资源管理局审批，并报国家林业局备案。②区划调查。拟承包经营地块的现场区划调查工作，由试点单位的林权制度改革领导小组（办公室）组织进行，由具备丁级以上林业调查设计规划资质的部门完成。区划以自然区划为主，但应充分考虑小班交通条件的相对独立。区划界线要挂号、实测，转、交点处设置永久标桩，标明区划名称、地理坐标，测线闭合差应小于1/150，小班面积精度应达到98%以上。③编制经营方案。承担调查设计单位要以10年为一个经营周期，对每个调查区划小班编制科学合理、操作性和指导性强的森林经营方案。④公开信息。当地林权制度改革领导小组（办公室）将区划完毕的森林资源信息张榜公告。⑤提出申请。参加承包经营的职工向当地林权制度改革领导小组（办公室）提出书面申请，领取申请表，经确认其身份后，报送伊春林权制度改革试点办公室核准。⑥签署意向协议。通过身份认定后的申请人与试点单位（林业局）签署林地承包经营意向协议，确认拟承包经营地块，报送伊春林权制度改革试点办公室申请评估立项。⑦资产评估。森林资源资产评估必须由具有资质的资产评估机构，按照国家林业局、财政部制定的《森林资源资产评估暂行办法》进行评估，出具评估报告。评估报告由黑龙江省森工总局核准。评估结果的有效期为一年，超出时效应重新评估。⑧竞价招标和协议商定。试点单位林权制度改革领导小组（办公室）根据国家有关规定对已经过资产评估的地块通过拍卖、招标、协议等方式确定最终承包人。竞价招标和协议商定全过程由伊春林权制度改革试点工作领导小组监督。⑨核查审批。当地林权制度改革领导小组（办公室）将最终受让人书面申请、个人基本情况表、承包经营林地位置图、承包经营林地现状调查表及其他有关材料核准后报伊春林权制度改革试点办公室审核，由伊春林业管理局根据省森工总局核准的资产评估报告进行审批。⑩公示。伊春林业管理局批准后的承包人、承包经营地块情况要在伊春林业管理局、试点林业局流转服务中心、试点林场（所）以及报纸、电视等新闻媒体公示15天。⑪签订合同。张榜公布无争议的承包人、承包地块，由试点单位与承包人签订林地承包经营合同。⑫确权发证。国家林业局委托黑龙江省森林资源管理局依据试点单位与承包人签定的林地承包经营合同，为承包人核发林木资产证书。⑬建档备案。各试点单位要建立健全林地承包经营档案，报送伊春林管局森林资源主管部门建档备案，汇总后逐级上报备案。

3.1.5 伊春林权改革试点的重要经验

伊春市林权改革试点工作开展以来，运行顺畅、深入人心，取得了显著的成绩，对其工作进行总结可归纳以下几点经验：

1. 建立高效的国有森林资源承包经营模式

（1）区划界定森林资源。规范森林资源区划方法，统一森林分类的原则标准，由具备甲级林业调查设计规划资质的单位完成对拟承包经营地块的森林资源状况的二类调查；在此基础上对森林资源区划界定，标注区划界线，转、交点处设置永久标桩，标明地理坐标；对林地划等定级，并组织专业人员进行现场认定。对拟承包经营的林地按林班、小班定位上图、建档立册。

（2）做好森林资源资产评估工作。按照国家林业局会同有关部门制定的《伊春林权制度改革试点森林资源资产评估管理办法》，由具有森林资源资产评估资质的评估机构，根据森林资源区划界定的结果，做好拟承包地块的森林资源资产评估工作，并出具评估报告，评估报告经省森工总局审核后，报国家林业局备案。评估结果有效期为一年，超出时效重新评估。

（3）组织职工进行林地承包经营。承包主体全部为普通林业职工，拒绝社会资金、各级领导干部不参与，不私留山林。国有林地的承包经营必须在评估后进行，在评估的基础上，试点林业局公布拟承包林地状况及承包基准价格；由拟参加承包经营的职工向试点林业局提出书面申请，试点林业局对其进行身份确认后，报送伊春林业管理局森林资源管理部门核准。试点林业局通过拍卖、招标、协议等方式确定承包经营人，并将承包结果进行公示。公示15日无异议后，由伊春林业管理局作为发包方与承包人签订林地承包经营合同。

（4）明确承包经营费用缴纳方式。为使这项改革试点惠及林场职工，采取灵活的缴费方式。有支付能力的职工可一次性付款，并享受适当的优惠；暂时支付有困难的职工可分期付款，或待有承包收益时延期付款。另外，也可采取银行贷款及用拖欠工资抵顶等方式缴纳承包经营费用，并在承包经营合同中予以明确。双丰林业局在这次试点过程中为伊春林改摸索出了许多好的政策，其中，为了保证“贫困层”能够承包到林地，他们实行了“企业内部无息贷款”，即对试点场所贫困职工划分了两个档次：“贫困户”和“特困户”，由工会组织负责评定向社会张榜公示。贫困户先交30％的承包款，特困户先交10％的承包款，其余欠款到有收益时再补齐。

（5）严格管理使用林地承包收益。按照国家林业局会同有关部门制定的《伊春林权制度改革试点森林资源资产收益管理办法》，做好林地承包经营收益的使用和管理工作。试点期间，国有林地承包经营所取得的收益，上缴财政，纳入预算管理，全额返还试点林业局，主要用于支付拖欠承包经营职工的工资、承包期间职工养老保险、森林资源经营管理和国有林区基础设施建设等。

（6）做好承包经营纠纷的调处工作。在试点期间，由试点林业局和伊春林业管理局负责调处承包经营纠纷。

2. 建立明晰的国有森林资源承包经营责任机制

（1）明晰承包职工经营权。承包职工依照合同约定享有森林、林木所有权和林地使用权，依法经营利用林木、林下植物资源。在森林经营方案的指导下，自主确定承包经营林地的经营方式与方法，自由参与市场竞争。承包职工对其正常生产经营活动及获得的收益享有行政或司法保护的权利。承包方转包所承包的林地，必须经原发包方书面同意。

(2) 落实承包职工的责任。在承包经营期内，根据合同约定，承包职工必须保证林地不逆转、不变成非林地；必须及时更新荒山、荒地和采伐迹地；必须做好森林防火、森林病虫害防治工作；必须在取得经济效益的同时，兼顾森林的生态效益。除试点林业局负担森林防火和病虫害防治基础设施建设及按规定由国家承担的费用外，其他费用由承包经营职工承担。

(3) 切实减轻税费负担。按照国务院关于国有农场税费改革的部署和相关政策，做好与国有农场税费改革的衔接，进一步减轻国有林场职工的税费负担。对现行的林业税费进行认真清理，合理的要保留，不合理的坚决取消。同时，依法制止和严肃查处乱收费、乱摊派等损害职工利益的行为。

(4) 引导培育和合理利用森林资源。选择自然条件优越、立地条件好的地区，引导承包职工开展速生丰产林基地建设，试点林业局帮助做好总体规划和作业设计以及良种壮苗的选育等工作。加大森林景观及中草药、山野菜、食用菌等林下资源的开发力度，引导承包职工发展生态旅游、森林食品、森林药品等非林非木产业。

(5) 做好承包经营的服务和指导。试点林业局建立集法律服务、政策咨询、森林经营、病虫害防治等内容于一体的服务中心。指导承包职工做好森林经营方案、协调林业贷款等服务。统筹做好林区道路等基础设施建设、统一指导承包职工做好森林防火等资源保护工作，为承包职工开展林业生产经营活动创造条件。引导发展家庭林场、股份制林场，组织公司＋职工＋基地的经营形式，支持职工以林地使用权、林木资源和劳力入股参与合作经营。

3. 建立顺畅的国有森林资源管理模式

（1）理顺森林资源管理体制。按照《决定》要求，逐步把试点林业局的森林资源管理职能剥离出来，实行政企分开，建立责权利统一的森林资源管理体制。

（2）放活商品林经营。在符合林业总体规划的前提下，充分尊重经营者的意愿，允许其自主选择经营方式。人工商品林特别是速生丰产林和短周期工业原料林的采伐年龄由经营者自行确定。承包经营者的采伐指标，纳入试点林业局的限额管理。需要对承包经营的森林、林木进行采伐更新时，由承包职工申报，试点林业局审核，报伊春林业管理局审批。

（3）完善森林资源保护管理措施。进一步完善省内各级人民政府林业建设任期目标管理责任制，严格兑现奖惩。加大森林资源的监管力度，健全森林资源保护管理体系，采取最严厉的措施，坚决杜绝借改革之机乱侵滥占林地、乱砍滥伐林木的现象发生。

4. 发展社会中介组织，完善社会服务体系

（1）推进建立各类经济合作组织。运用市场机制，引导职工自发成立各类经济合作组织。充分发挥经济合作组织的作用，为承包职工提供各类生产服务，不断提高经营水平。逐步推行统一品牌、统一质量标准，共同策划市场营销，提高职工抵御市场风险的能力。

（2）完善各类中介服务。引导建立森林资源资产评估机构，积极做好承包职工参与合作经营的森林资源资产评估；指导建立信息网络平台，拓宽信息渠道，为职工提供信息服务；逐步建立活立木交易市场，促进森林资源资产的合理流转。

（3）成立职工森林资源联防组织。把分散的承包经营职工组织起来，成立职工自律的联防合作组织，实行互助联防，加强巡山护林，防止盗砍滥伐森林，预防和扑救森林火灾，防止病虫害的蔓延。

3.2 国有林权制度改革的前提

3.2.1 国有林权制度改革的现实意义

依据林业价值分类经营理论，结合我国国有林区现状，借鉴伊春林权改革试点经验，本书认为国有林区实施林权制度改革，可以冲破国有森林国有国营的单一体制束缚，为解决林区深层次矛盾找到途径。国有林权改革必将触及林业产权问题，增强林业发展的内在动力。通过把林地的经营权、林木的所有权和处置权交给职工，将使国有林业产权主体虚置、森林培育保护缺少利益主体和责任主体的问题得到根本解决，真正实现“林定权、树定根、人定心”，体现以人为本的科学发展观。它将调整优化林业生产关系，打开各种生产要素投向林业的渠道，极大的解放林业生产力。国有林权改革将市场动力植入国有林业领域，不仅敞开民间资本进入林业的渠道，解决了森林培育投入乏力问题，而且通过资本运营、资本流转，促进了人才、科技等生产要素向林业的集聚，缩短林业的经营周期，盘活森林资源，极大地促进林业生产力的解放和发展。它必将促进森林“三大效益”的充分发挥，探索建立国家、企业、职工三者共赢互利的新机制。随着经营主体的到位和经营机制的活化及社会大量资金的注入，育林和林分质量必将大幅度提高，森林生态系统的整体功能必将进一步增强；实施林权改革，国家可以节约大量的育林和管护成本，政府可获得一部分改革收益，林业职工则可以通过此次带有政策补偿性质的改革，并通过综合经营取得长久稳定收益；实施林权改革，还可以有效解决林区历史欠账、就业、贫困、稳定等一系列社会问题，最终取得国家得生态、企业得效益、职工得收益、社会得稳定的效果。它将与天保工程的扩大与延伸相得益彰，有力推进了社会主义新林区建设，为国有林区建立完备的森林生态体系和发达的林业产业体系创造了有利条件。国有林区林权制度改革的实施，将补充天保工程的单向外力作用，实现国家资金注入、内部体制改革的双向联动；既有天保工程的“输血”，又有激发内部动力的“造血”；改革中实行经营承包一定50年不变，使天保工程这项阶段性工程向着更加长远的治本工程推进，达到了相得益彰的效果。总之，林权改革是国有林业实现可持续发展的重要途径。

3.2.2　国有林权制度改革的五大原则

1. 坚持稳定压倒一切的原则

邓小平同志曾经指出：“中国的问题，压倒一切的是需要稳定。没有稳定的环境，什么都搞不成，已经取得的成果也会失掉。”国有林权制度改革务必把改革的力度、发展的速度和社会可承受的程度统一起来，在社会稳定中推进改革发展，通过改革发展促进社会稳定。推进国有林业产权制度改革，必须坚持统筹兼顾，协调处理好改革进程中的各种利益关系，特别是要维护好广大林业职工的根本利益。改革为了职工，改革要依靠职工。一方面通过改革充分发挥广大职工的积极性和创造性；一方面通过改革提高广大职工的生活水平。在改革的初期阶段必须坚持做到承包主体全部为普通林业职工，外部投资者暂不进入，而且各级领导干部也不能参与，不能“与民争利”，更不能私留山林。同时，还必须充分考虑林业职工的现实承受能力，承包价格的确定要做到既参考市场价格又确保职工能够接受，通过采取拖欠工资抵顶、抵押贷款、分期付款、林业局借款、股份合作经营等多种形式，确保所有有意愿的职工都能买得起，让普通职工拿到“原始股”，让普通职工通过林权改革率先脱贫致富。总之，要最大限度地让利于职工，充分调动职工参与改革，营林、护林的积极性。我们的总体目标就是让林子长起来，职工富起来，林区强起来。林子长起来有个过程，林区强起来有个过程，我们首先考虑的目标还是让职工得到利益，让职工富起来。这是我们改革的一个重要出发点，否则，改革就不能算是成功。

2. 坚持确保生态优先、森林不能逆转的原则

森林是陆地生态系统的主体，是地球之肺，具有重要的生态价值、经济价值和社会价值。我国森林面积 1.75 亿公顷，森林覆盖率 18.21%，森林蓄积 124.56 亿立方米。我国国有林在森林资源中占据主导地位。国有森林面积占全国森林面积的 42.16%，国有森林资源蓄积占全国森林资源蓄积的 69.56%。实现国有森林资源的可持续发展，对于国家的经济发展、社会进步和生态建设，具有重大意义。21 世纪，生态安全是林业建设的主要任务，以生态建设为主的林业发展思想不能有丝毫动摇。在国有林权改革中，必须把生态优先、森林不能逆转作为一条根本原则，对每一块承包经营的林地都要科学设计好经营方案，正确引导和规制承包者的经营行为，坚决避免突击采伐，坚决避免林地用途的改变，坚决避免营林面积的缩小和林分质量的下降。要通过林权制度改革，推动国有林区走出“越穷越砍、越砍越穷”的恶性循环的怪圈，实现森林资源的休养生息，达到森林覆盖率不断提高，森林蓄积不断增长的目标。

3. 坚持改革收益资金不能流失、国有森林资产保值增值的原则

国有森林资源是社会主义制度的重要物质基础，是国民经济的重要支柱，是全面建设小康社会的重要力量。在林地承包经营过程中，必须坚持对国有资产保值增值高度负责的精神，按照国家规定的森林资源资产评估指标体系和操作规程，对每一宗承包林地，均由指定的资产评估机构进行客观、准确的评估，评估报告必须经相关林业主管部门核准后，方可实行有偿承包转让。对改革收益，要严格按照规定进行收取，及时足额上缴财政，专户存储，统一支配，用于社会保障体系建设，用于林区基础设施建设，用于林业职工营林发展基金。任何单位不准截留，不准挪作他用，确保国有资产不流失。

4. 坚持公开、公平、公正的原则

"公开、公平、公正"是对体制改革的规范要求。"公开"就是要求林权改革的过程与结果必须公开透明，阳光操作；"公平"就是保证林权改革覆盖、惠及到试点林场（所）的全体职工家庭，只要职工有承包经营意愿，就千方百计保证他们拥有一块属于自己的林地；"公正"就是坚持在改革的过程中严格操作，严肃法纪，坚决防止徇私舞弊。对承包经营林地综合信息、参与承包者自然状况、承包竞拍结果等，必须向群众公示，对发现的偏差要及时纠正，对暗箱操作、以权谋私、破坏公平的坚决严肃处理。

5. 坚持积极有序、配套推进的原则

林权改革决不能单打一，必须积极有序地做好相关配套工作，才能确保取得预期的效果。要加强与金融部门的沟通，积极探索林地经营贷款的多种有效方式和途径，拓宽承包经营者的融资渠道。为顺应改革的深入推进和市场发育发展需要，还要适时建立市级活立木交易市场和区（局）级林权制度改革服务中心，全力满足承包经营者的信息、技术、法律咨询等方面服务以及下步林地经营权和林木所有权依法有偿流转的需求，真正形成完善配套的林权改革保障体系，最大限度地释放改革效应，为伊春国有林区乃至全国国有林业的发展探索新的路径。

3.2.3 国有林权制度改革的四大关系

1. 妥善处理公有制经济与非公有制经济的关系

公有制为主体、多种所有制经济共同发展，是我国社会主义初级阶段的一项基本经济制度。十六届三中全会提出，要完善国有资本有进有退、合理流动的机制，增强国有经济的控制力。在国有林业产权制度改革中，要通过封山育林、规划无人区、建立自然保护区等形式，始终保持国有林业成分依然占据主导地位，始终保持国有林业在森林资源领域中的控制力，以确保国家生态安全的需要，确保社会主义现代化建设的需要。

同时，不失时机地引入社会资本，积极发展非公有制林业。一方面，重点鼓励林业职工参与改革，从职工转变成投资者，从根本上明确其产权主体地位，实现营林职工“家家有其山，户户有其林”。另一方面，随着改革试点的逐步扩大，随着国有林业产权制度改革的不断深化，积极鼓励各种社会主体以及国外有关方面关注和投资国有林业，逐步走家庭林场、股份制经营的路子，最终实现林业经营的集约化、规模化。要进一步明确非公有制林业的法律地位，建立“产权明晰、权责明确、保护严格、流转顺畅”的现代产权制度，确保谁造林谁拥有，谁投资谁受益。

2. 妥善处理经济发展与生态建设的关系

正确认识和妥善处理经济发展和生态建设的关系，是林业实现可持续发展的基础和前提。长期以来，国有林业经济发展与生态建设似乎存在着不可调和的矛盾。反映到价值层面，表现为经济价值与生态价值的相互对立，非此即彼，无法共存。推动林权制度改革，就是要以产权为核心，以责权利相统一为根本，实现林业经济发展与生态建设相互依存，相互转化，相得益彰，共同发展。

要大力推动经济价值与生态价值的责任主体的分置，形成个人关注经济，国家重视生态的良性格局，林业责任主体各司其职，各得其利，使个人的经济追求与国家的生态追求得以有机结合，使职工的造林积极性和国有林区营林事业融为一体，职工在承包之后为自己造林，为自己创造经济利益，同时，也在为国家创造生态效益，为国家营造一片青山，从而实现经济发展与生态建设的共同发展，共同繁荣。

3. 妥善处理政府与市场的关系

进行国有林权制度改革，应坚持主要依靠市场机制，遵循市场经济规律，运用市场经济手段，同时发挥政府规划引导和政策导向作用。

要在观念和行为上彻底摆脱对传统计划经济体制的依赖，加快市场化进程，确立市场机制在资源配置方面的基础地位。要通过建立活立木交易市场，积极推动林业产权的自由交易，把林木、林地资源变成资产，变成资本，通过资本运营，资本流转，彻底突破过去那种只有把树木砍掉才能实现其经济价值的传统模式，努力追求经济价值与生态价值的和谐统一。要充分重视资本、技术、管理、人才等生产要素的地位和作用，拓展其运行空间，顺畅其流动渠道，激发其经济活力，使其进一步服从服务于国有林权制度改革的需要。政府要避免走“主导一切、包办一切”的老路，把职能真正转到为市场主体服务、创造良好的环境上来，特别是要切实维护好公平竞争的市场规则，激发职工和其他社会主体参与改革、创造财富的积极性，保护好市场主体的合法权益，确保改革进程的平稳顺畅、改革成果的巩固扩大。

4. 妥善处理产权改革与各项配套改革的关系

实施国有林权制度改革，是对国有林区长期固守的单一国有国营管理体制的重大突破，是解决国有林业体制性矛盾的第一步，也是关键一步，为国有林区最终解决资源性、结构性、体制性和社会性四大矛盾、走出“两危”困境闯出了一条新路。但是，国有林业产权制度改革解决的是国有林区体制性矛盾的核心问题，并不能解决国有林区的一切问题。在积极探索和推进林权制度改革的同时，还要不断推动相关的各项配套改革，不断破解体制性矛盾中的其他问题。

林权改革是统领，配套改革是保障。要以全方位的视野和积极进取的精神推动各项配套改革，真正形成完善配套的林权改革保障体系，确保林权改革与配套改革相辅相成，整体推进，最大限度地释放改革效应。为此，要积极探索适应市场经济运行规则的国有林区行政、经济管理新体制，加快政企分开、剥离企业办社会步伐；全面加快林区产业结构调整，推进经济转型，重点发展木材精深加工、森林生态旅游、生态畜牧、绿色食品、北药、冶金建材、矿产开发、绿色能源等优势特色接续替代产业；逐步深化森工企业改革，加快森工企业的体制创新和机制创新；不断完善社会保障体系。

3.3 国有林权改革的总体框架

国有林权改革，以林业价值分类经营理论为指导，以构建明晰的、排他的、可交易的高效产权为手段，以实现林业的经济价值、生态价值和社会价值的共同发展为目标。落实到具体操作的层面，国有林权改革的总体框架可以清晰地表述为：远封近分，三林流转，大力发展民有林。

3.3.1 远封近分

远封近分，是在空间分布上划分国有林业的生态与经济价值的界限。就是在空间格局层面，将有利于生态价值增值、不利于经济价值实现的部分，继续实行国有国营，采取封山育林、建立森林公园、无人区等形式，追求生态价值的增值，为国家的生态建设作出贡献。相对应，把有利于经济价值实现的部分，纳入改革的范畴，交给个人经营，以追求经济价值的实现和增值为基本的经营方向。对于这部分林业资源要进行资产化，资产定位，资产评价。

森林资源进入市场，进入改革程序，便称为资产，资产可以进行承包、经营、交易。选择什么样的林业资源进行资产化，进而纳入改革的范畴，如何对该资产进行评价和定价，既是经济学上的理论问题，也是国有林权制度改革首先要面对的实践问题。总的原则是采取远封近分，与城市、市场、交通线路近的，适宜市场化操作，适宜经济价值的经营，应作为森林资源资产化的核心内容。

具体而言，将国有林业资源纳入资产化管理，进而纳入产权制度改革范畴的基本标准有三：

1. 经济性标准

这场以经济价值经营为出发点和动力的改革，林木资源的经济性标准是最基本的标准。就是进入改革视野的，交由职工和投资者进行经营的林木资源，必须在经济规律上是可行的，市场中是被认可的，经济利益上可观的。这就需要参考市场对林木资源的特定需求、运输费用、经营管理费用等等。总的要求是大力发挥市场的资源配置功能，确保其在市场中有竞争力，在投资者手中有增值潜力。

2. 生物性标准

指的是进入改革范畴的森林资源在生物学上必须有相应的特殊规定。主要表现为对树的品种、树龄等要作具体要求。例如，就伊春而言，出于对“活化石”红松林的社会价值的尊重和保护，红松林是不应进入改革范畴的。而落叶松、杨树等普通树种进行改革是值得大力提倡的。

3. 政治性标准

从政治上决定某森林资源是否可以或者不可以进入改革的范畴。在生态建设日益显得重要和迫切的今天，一部分林业资源出于对国家生态建设的需要，即使完全符合改革的经济标准，也将拒绝进入市场。

3.3.2　三林流转

诺贝尔经济学奖获得者科斯在产权制度三条定律中指出：各种生产要素总是向能够产生最大效益的方向流动，林业产权同样如此。尽管林业产权交易有先天的困难，但这并不妨碍它交易的可能。产权的交易和流转，是确保森林资产得以有序流动，资产所有者和经营者实现利润变现，从而确保国有林业产权制度改革得以有效推动的重要环节。只有交易才能进行产权的分离、分割和重组，才能达到配置高效的目的，也只有通过交易才能寻找到有能力、有动力行使产权的当事人。

三林流转，是把林地的经营权、林木的所有权、林木的处置权在所有者和经营者之间的横向流动，初期表现为国家将三权全部交给职工，一定50年不变，其间可以转让、继承、变卖。以后将表现为职工与职工、职工与投资者之间的产权流动，最后将表现为在资本市场上的有序交易。产权的流转，既调动了投资者和经营者的积极性，符合资本运营的规律，同时它也是确保在追求经济价值实现的同时，保证生态价值和社会价值同步发展的重要条件。

3.3.3 大力发展民有林

国有林业的可持续发展取决于林业投资的可持续注入。在国家投入渠道单一、投入乏力的困境下，如何保持投资渠道畅通，丰富投资形式，增加投资主体，是国有林业实现可持续发展的重要前提，也是国有林权改革的重要内容。

大力发展民有林，表现为在国有林业产权制度改革中积极经营林木的经济价值，大力引入社会资本、境外资本，改变林木的所有权和处置权性质，充分发挥社会资本和境外资本的逐利本性，敞开林业的投资渠道，进而推动国有林业的快发展和大发展。

多年来我国的林业取得长足的发展，尤其是近年来，国家每年以25%以上的增长速度加大对林业的投入，体现了国家致力于追求可持续发展，走生产发展、生活富裕、生态良好的文明发展道路的坚定决心。金融机构积极探索参与林业建设的有效途径，在速生丰产用材林基地建设等方面给予了大力扶持，2004年国家开发银行提供80亿元贷款注入以造纸林基地建设为主的速生丰产林建设，极大的促进了林业产业的发展。来自国际组织国外政府及企业对中国林业的资金支持一直保持增长态势，2000年以来，林业利用外资规模每年以20%的速度递增。

但是，目前政府投资林业在满足度、投资结构、投资渠道的稳定性等方面还存在问题：生态建设任务相当繁重，政府投资林业尚需加大力度；政府投资林业缺乏稳定的渠道，与公共财政职能不相称；不同的林业经营主体不能公平享受政府对林业发展的扶持；林业产业发展的融资渠道狭窄，与市场经济不相适应；林业投资标准的制定不合理，与实际情况不完全符合。从实际情况来看，当前林业投资以政府投资和社会公益性投资为主，市场引导的产业发展性投资只是辅助部分。前者具有社会公益的性质，需要政府作为投资主体，是政府发展社会事业的一个重要组成部分；后者则具有商业盈利性质，主要应该由企业、个人通过市场化的投融资过程完成。未来林业投资的模式，应该是二者的组合。因此，林业投资体制改革面临的首要问题是国家继续增加对林业社会公益性方面的投资，减少对林业作为产业性质方面投资活动的参与，调动和激励社会多元化投入发展林业产业。

4　乌马河林业局试点林改现状

2006 年 6 月 16 日，国务院正式批准了将伊春作为国有林区林权制度改革试点，原则同意在伊春林区进行 50 年来从来没有过的林权制度改革试点，允许黑龙江省伊春第一步拿出 8 万公顷国有林地进行有偿流转，建立活立木市场。通过把林木、林地资产变成资本，由资本进入市场的环节，实行活立木市场流转，突破了“前人栽树、后人乘凉”的概念，突破了过去只有树木长大伐倒才能变成资本、资金的传统管理模式，这是一个历史性的突破，是国有林区一开先河的试点。

4.1　乌马河林业局国有林权改革的现状

4.1.1　乌马河林业局的总体状况

乌马河林业局位于黑龙江省北部，小兴安岭之东南坡，东与美溪林业局相依，北与五营、上甘岭、友好林业局毗连，西与翠峦、铁力林业局接壤，南与带岭、南岔林业局搭界。全局东西宽 48 公里，南北长 71 公里，局周界长 264 公里。

乌马河林业局现有施业区面积 122 531 公顷，其中有林地面积 105 323 公顷，活立木总蓄积 6 179 868 立方米，其中天然林蓄积 5 274 718 立方米，人工林蓄积 905 150 立方米，全局有林地平均公顷蓄积为 59 立方米，森林覆被率 86%。辖 11 个林场所（其中 3 个林场、8 个经营所），总人口 3.8 万人，职工 8 715 人，退休职工 3 200 多人，企事业单位 50 多个。

4.1.2 乌马河林业局林地流转的具体方法

主要流转的林地的类型是对浅山区林农交错、相对分散、零星分布、易于分户经营的部分国有商品林，由林业职工家庭承包经营；对大面积、集中连片的公益林和商品林，由伊春林业管理局依法加强经营管理。

试点范围：乌马河林业局林地流转范围在乌马河所、伊林、伊东三个经营所，在三个单位内确定的流转林地是用材林和一般用材林中的幼龄林，控制在0.5以下，中龄林控制在0.4以下，近成熟林控制在0.2以下，次生林控制在0.5以下或更大些。约占乌马河施业区总面积的12.7%，其中，无林地面积1 698公顷，疏林地110公顷，灌木林地37公顷，幼龄林面积7 157公顷，中龄林面积5 765公顷，近成熟林754公顷，如表4-1。

表4-1 流转面积统计表

单位：公顷

林场	林班数	总面积	幼龄林	中龄林	近熟林	成熟林	采伐迹地	荒山荒地	沼泽湿地	水库湿地	疏林地	灌木林	未造林地
局记	65	15 614	7 157	5 765	548	206	104	250	1 231	113	110	37	93
乌马所	10	2 890	1 546	566	134	38	17	62	395		91		41
伊林	26	6 065	1 535	1 313	124			188	321			37	6
伊东	29	6 659	4 076	3 886	290	168	87		515	113	19		46

承包对象：承包经营林地的对象是乌马河林业局的林业在册职工，伊春林业管理局及乌马河林业局机关干部和离退休职工，暂不参加林地的承包经营。试点启动初期，仅限于试点林场职工，而后扩大到试点林业局的其他林场所，最后扩大到山下单位职工。我们将通过逐步引导职工发展家庭林场、股份制林场，组织“公司+职工+基地”的经营形式，支持职工以林地使用权、

林木资源和劳力入股参与合作经营。逐步吸引社会资金和战略投资者。

实施方式：按一沟一系一坡的自然界限，并结合森林经营区划，按每户 5～10 公顷的规模，实行林地承包经营和林木资产流转。林地承包经营期限 50 年。

工作程序：试点启动以来，各试点林业局严格按照实地区划、公开信息、提出申请、身份认证、签署协议、资产评估、竞价招标、核查审批、公示、签订合同、确权发证、法律公证与财产保险、建档备案这样一整套工作程序来操作的。

收益管理：试点期间，国有林权改革经营所取得的收益，上缴财政，纳入预算管理，全额返还试点林业局，主要用于支付拖欠承包经营职工的工资、承包期间职工养老保险和森林资源经营管理等。

优惠政策：乌马河林业局内部职工一次交齐购买资金的在原价基础上下浮动 5%；对在治理难度大的荒山、荒地、和采、采矿、取土破坏地等造林恢复植被的，其林地使用权无偿转让；乌马河林业局职工购买有困难的，林业局可用拖欠职工的本人的工资款冲减，抵补购买金；林业局职工在每户不超出 10 公顷限量的前提下，所使用林地不评估计价，只交林地有偿使用费，有偿使用费按合同约定使用年限计算一次性交齐的执行每年每公顷 45 元标准，5 年内分期交付的，执行每年每公顷 60 元的标准，待采伐获得收益后交付的执行每年每公顷 75 元标准。

4.1.3 乌马河林业局国有林权改革的效益分析

这里主要是进行个人成本效益分析。以伊春市乌马河林业局乌马所职工李财在国有林权改革后获得林地后的投入与产出的个案作经济收益的分析。

林地有偿使用费根据国家林业局的有关规定的标准，每公顷每年缴纳有偿使用费为 45 元，一个经营周期 30 年需支付 1 350

元。个人成本分析如表 4－2。

表 4－2 个人成本分析表

费用明细	金 额
林地有偿使用费	45 元/公顷/年
造林费	2 030 元/公顷/三年
清林整地雇工费用	130 元/公顷
苗木费	700 元/公顷
植苗费	600 元/公顷
抚育费	600 元/公顷（200 元/公顷，3 年间每年抚育一次）
	6 685.7 元/公顷
管护费用	2 250 元/30 年
病防费用	30 元/米
采伐费用	19 815.7 元/30 年
合计	

清林整地雇工费用：130 元/公顷，购买苗木费：700 元/公顷（每株 0.07 元），植苗费：600 元/公顷（每株 0.06 元），抚育费：600 元/公顷（200 元/公顷，3 年间每年抚育一次），汇总以上四项费用，在造林阶段三年总的投入每公顷为 2 030 元。管护费用。在森林管护工作中，民有林经营者一般都是自行管护，不另外雇工，但对经营者投入的劳动也应计算价值。平均每公顷管护费为 6 685.7 元。病防费用是用于森林病、虫、鼠害防治的支出，遇有灾害才会发生这方面的费用。但考虑 30 年经营期内的诸种不确定因素，应将这笔费用列为经营者的支出项目。根据伊春林管局管局财务处提供的资料，每公顷每午的病防费用支出标准是 75 元，经营期 30 年应支出 2 250 元。根据伊春市森林资源局提供的资料，立地条件较好、经营措施得力、林木生长率较高的落叶松人工林，在 15 年时进行一次间伐，可出材 25 立方

米；在 25 年时进行第二次间伐，还可出材 25 立方米；30 年时进行皆伐，可出材 200 立方米，三次采伐可出材 250 立方米。按照目前每立方米生产费用 30 元核计生产费用为 7 500 元。汇总以上五个方面的费用，经营 1 公顷落叶松人工林，以 30 年为一个经营周期，需投入 19 815.7 元。

效益分析。第一次间伐：每公顷出材 25 立方米，采伐木平均胸径 8 厘米，每立方米目前市场售价 150 元，每公顷产值 3 750元。第二次间伐：每公顷出材 25 立方米，采伐木平均胸径 10 厘米，每立方米目前市场售价 200 元，每公顷产值 5 000 元。截伐：每公顷出材 200 立方米，采伐木平均胸径 14 厘米，每立方米目前市场售价 350 元，每公顷产值 70 000 元。以上三次采伐合计总产值 78 750 元。

综合分析。根据以上测算，经营 1 公顷落叶松人工林，投入 19 815.7 元，产出 78 750 元，净利润为 58 934.3 元，投入产出比为 1∶3.97。如果考虑减支增收因素，比如降低造林的成本、减少管护费用、发展林下经济、控制森林病虫害以减少病防费用等，那么净利润还可以有所增加，投入产出的比可以达到 1∶4，如果经营的好还可以达到 1∶5。

由上面效益分析可以看出，国有林权改革会给林地的使用权所有者带来丰厚的收益，但这种效益估算是在理想状态下所得，在具体实施过程中还存在很多不确定的因素，因此存在一定的局限性。

4.2 国有林权改革产生的积极效果

从乌马河林业局国有林权改革的实际情况来看，流转的整个过程已经取得了一定成绩，迈出了关键性的一步。

4.2.1 增加职工收入

企业长期亏损造成林业企业长期拖欠职工工资，最长达 15

年，最多拖欠 2.6 万元，职工生活质量每况愈下。通过国有林权改革，政府将企业拖欠的职工工资与职工林地承包费用相抵，相当于为职工建立“绿色银行”。职工通过对林地的承包解决了生活问题，并通过林地有偿转移和直、间接林产品增加了收入。

4.2.2　促进经济发展

林地流转作为一项具有公共项目性质的公共项目投资能够促进经济稳定和发展。凯恩斯学派认为，增加公共投资具有提高对产出的总需求，以及提高生产力及扩充生产能力的效果。林地流转不仅可以解决长期困扰伊春市资源转型问题，而且可以通过增加政府支出，刺激有效需求，并产生乘数效应，带动相关产业发展，从而拉动国民经济增长。林地流转通过政府投入改变了伊春市单一的资源型经济结构，吸引大量资金进入林业生产领域，促进林业发展。通过建立活立木交易市场淡化了林业生产周期长、投资回收慢的弱点，使林业也可以在短期获得收益，从而提高了林区的经济效益，促进当地经济发展。

表 4－3　现代经济与社会发展对森林的结构需求

生态需求		经济需求	
人类生态	自然生态与经济生态	非木质原材料	木质原材料
游憩及森林旅游	土壤保持、防风、防雪崩、防滑坡和泥石流	林产化工原料软木	木材化工原料
景观	防治土地沙化	食用菌、野生菜	削片材（制浆及人造板）
狩猎	蓄水、滤水	饲料、花、果等	薪炭材
防治大气污染	调节小气候	药用植物	木干材与枕木

（续）

生态需求		经济需求	
人类生态	自然生态与经济生态	非木质原材料	木质原材料
人类心理平衡作用	保持自然、庇护动物	经济动物	竹材化工原料
人类文化作用	基因保存		竹材
	保持大气中氧气和二氧化碳平衡农田防护		其他林产物质

4.2.3 保证国有林地的可持续发展

国有林权改革前林业的收益主要来自于林木的采伐，将木材变卖、就地加工后取得的收益。这种收益生产周期长、投资见效慢，又难以保持森林的后续性，一旦林业生产的链条中断，很难保证森林的补种。通过建立活立木市场，把林木、林地资源变成资本，由资本进入市场的环节，实行活立木市场流转，突破了“前人栽树、后人乘凉”的概念，变成当代人栽树，当代人就能马上受益；突破了过去只有把林子砍了才能实现价值的概念，大大缩短了林业的投资回收期，从而开创了国有林区活立木增值、活体流转，经济效益、生态效益并行不悖、共赢双收的先例。由于林地的增值通过林地上的树木成材率及生长年限体现，因此成材率越高、生长期越长的林地价值越高，从而保证了森林的后续性。

4.3 国有林权改革中存在的问题

由于乌马河林业局是首个国有林流转的试点单位，在实践过程中缺少相关的实际经验和配套政策，所以存在一些问题。

4.3.1 林地产权落实不到位

从目前情况看，林地权属及资产发生了变更，经营权发生了变化。因此，前期管护经营所规划承包的面积需要进行重新调整，这就涉及到先期管护经营者投入置换和赔偿问题。这次林地区划是按照远封近分、集中连片、按沟系进行的原则，而过去的分类经营区是按经营面积的比例进行区划的，林地流转区划无法避开分类区，也就打破了分类经营区限制。职工承包林地后，要在林地内按照自己的意愿进行经营投入。而经营权不明确，职工的愿望就无法实现，就会伤害到职工的积极性。另外，承包职工对进一步放宽商品林采伐的呼声很高，绝大多数职工都反映了这个问题。由于缺乏操作规范和交易平台，林地使用权和森林、林木所有权难以合理流转，既影响了森林资产的变现，也阻碍了生产要素的有效配置。

4.3.2 营造林机制不完善

目前，营造林机制与林改的要求还有不适应的地方。从造林上看，没有完全做到因地制宜，宜造则造，大部分经营者只要有空地就想造林，盲目地认为只要栽上树就是钱，对原生植被的保护和对地力退化从不关注。经营者没有真正做到适地适树，宜乔则乔、宜灌则灌、宜草则草，乔灌草相结合。普遍采用单一树种造林，忽视多树种混交；注重前期表现好的速生树种，忽视后期有潜力的乡土树种；重视种植乔木，忽视种植灌木。从森林经营上看，因为缺乏相应的技术标准和操作规范，森林经营随意性大。有的因资金等原因，不想在林地更多投入，使林子处于一种纯自然的状态，“有绿色，无资源”。

4.3.3 资源保护管理环节薄弱

与资源培育和资源利用相比，目前，资源保护管理仍然是一个薄弱环节。从林地、林木保护管理方面看，改变林地用途的倾向还在一定范围内存在。有的职工可能为了尽快达到增收致富的目的，在林地内无序开展经营活动，就使本来可以进行森林更新的地块被占用，破坏了原生系统；职工为了能在较短时间内收回投入，超限额采伐、无证采伐，乱砍滥伐林木、非法运输木材等现象将会出现；执法部门打击不力，执法过程中重权轻责、以罚代刑的现象还没有完全解决；职工在林地内的经营活动经常化，使森林防火工作面临严峻形势；危险性病虫害不断扩散蔓延，偶发性病虫害时有爆发，经济林病虫害呈上升势头，已对林业发展造成极大损失。

4.3.4　林地流转资金管理不够严格

按照国家林业局关于《黑龙江省伊春林权制度改革试点实施方案》的批复要求，试点期间，国有林地承包经营所取的收益，上缴财政，纳入预算管理，全部返还试点林业局，主要支付拖欠承包经营职工的工资、承包期间职工养老保险、森林资源经营管理和林区基础设施建设等。目前，试点林业局提出对林地承包户进行资金扶持，重点发展林下经营和营造林，但在林地流转收益资金的使用上要防止违规截留、滞留、抵扣现象，防止审核不到位，把关不严格。

4.3.5　产业发展问题

在产业发展中存在的主要问题是：缺乏发展规划和产业政策方面的宏观引导，尚未形成布局合理和竞争有序的局面；缺乏对市场主体尤其是广大职工的有效服务，由于社会化服务体系、中介组织不够健全，市场、政策、科技等服务较为薄弱；缺乏对生态效益和经济效益兼顾的林种树种、经营模式等的研究推广。

5 影响国有林权改革的因素分析

5.1 相关主体缺乏积极性

虽然森林资源名义上是国家所有，但实际上森林资源在国有的名义下主体是缺位的。在国有制下，森林、林木、林地等资产的产权是虚置的。责任、权利、利益关系没有集中于名义所有者国家的各级代表身上，权、责、利在现实中相互分离。人民作为森林资源的真正所有权主体，由于长期处于附属和被指挥的地位，他们没有认识到并发挥其主人的权力。在现在的产权体制下，他们不仅没有发挥监督权力的途径，而且成为森林资源开发利用中最大的利益损失群体。产权虚设导致的主体缺位对各相关群体的积极性造成了不良的影响。

5.1.1 政府宏观调控不足

国家是一个过于宏观而抽象的概念，在此我们把政府定为两个层面：国务院和地方政府。在森林资源的实际配置中，国务院的权利被各级地方政府架空。而各级政府在实际的运作中由于产权不清，所以其只是以看护者的身份出现，真正的采伐利用权力却被企业夺走。在这种情况下，由于最高领导部门不能直接真实地获得第一手关于森林资源现状的资料，所以难以及时发挥宏观调控功能，即不能针对现实情况和具体问题采取具体措施，而这直接导致了管理体系的不健全、法律的不完善和监督渠道的不畅通。同时由于最高领导部门的产权被架空，所以当其下达一项有针对性的指令时，地方政府、部门总是不能如实按照指令行事。再来看地方政府，虽然他们成为森林资源的直接管理者，并且能够真实地了解森林资源现状，但是在接受指令时，因为其承担的更多的是责任，而权力与利益得不到最高部门的肯定与支持甚至丢失，在这种情况下地方政府便缺乏主动发现、解决问题的动力。甚至对于地方政府来说，自身的调整与完善所需的成本要大于从调整后的管理中提取到的收益。加上每一届的政府更重视的是其创造的经济业绩，生态与社会回报由于过于缓慢而得不到垂青。综合以上的原因，森林资源无法得到合理地政府宏观调控，而且政府也难以从长远利益出发来进行自我完善。

5.1.2 企业缺乏自我行为合理化的主动性

由于国有制下国有林区的权属没有明确的规定，所以真正主体的权力被架空，而森工企业作为非资源所有者却成为最大获益主体。因为名义上森工企业不是资源所有者，所以它只享受收益却不需承担责任。森工企业的内驱动力集中在经济利益的获得上，从其自身的利益出发，企业不可能主动要求承担起维护森林资源的责任和建设林区可持续发展的重担。在追逐经济利益的过程中，企业的行为是盲目的，它们以经济来衡量自身行为合理与否，而不是以自身行为是否与社会大背景下的发展方向相一致来测量自身发展方向和程度，于是产生了林区资源的发展趋势与国家整体目标背道而驰。在权属不明确的情况下，主体的缺位造成无论森工企业如何过分地从森林资源中掘取利益，也没有群体或部门站出来作为正义者或主人来索取赔偿和进行限制。于是森工企业任意地只顾自我发财，不计他人得失。人的心理定势决定在采取某一行为不会为自己带来利益甚至会损害自身利益的时候，不采取该项行动，所以在主体缺位的情况下，企业内部不会寻求合理化自身行为以保护森林资源。

5.1.3 职工主动意识薄弱

国有林权改革是把国有林地的使用权转让给经营者，经营者可以在所转入的林地上经营，并获利的一种经济行为。但是由于林木的生长周期和利润回收期长等特点，使部分人们在意识上存在担心国有林权改革这种政策的稳定性，担心流转后自己的经济利益能否得到保证，例如，大部分人们对有林地流转处于观望状态，以及人们在流转林地后由于存在担心自己能否收回流转支出，出现提前采伐林木的现象。因此，国有林权改革作为社会主义市场经济条件下的一种经济行为，参与其中的转入者都是理性的经营者，经济利益能否实现就成了他们决定是否参与国有林权改革的主要因素。所以，如果人们对国有林权改革的政策不信任，将不愿意参与国有林地使用权的流转，这也就将成为影响国有林权改革的另一个很重要的因素。

5.2 国有林权改革市场欠发达

林地是林业生产中最重要的生产要素之一，特别是林业具有自然生长时间长，劳动生产时间短的特点，使得林业必须进行规模化经营。马克思在《资本论》中写道："木材生产靠自然力独自发挥作用，在天然更新的情况下，不需要人力和资本力其次即使人工更新，人力和资本的支出，同自然力相比，也是极小的。此外，在不长庄稼或种庄稼实在不划算的土地和地方，森林还可以茂盛地生长。但是造林要成为一种正规的经济，就比种庄稼需要更大的面积。因为面积小就不可能合理的采伐森林，难以利用副产品，森林保护就更加困难等。但是，生产过程需要很长的时间，它超出私人经营的计划范围，有时甚至超出人的寿命周期……"因此，没有别的收入，不拥有大片森林地带的人，就不能经营正规化的林业。林业的性质和特点都决定，仅靠一个部门的努力是不够的，必须依靠全社会的力量来建设，以满足国家、社会对林业的生态需求、经济需求。建立林地流转制度，一方面，林地使用权的流转即通过市场手段优化林地资源的配置，促使林地这一重要的生产要素与社会资金及劳动力有机结合，提高林地生产效率；另一方面，林地使用者的收益权可以得到有力的保障。林地使用者占有、使用林地只是获取利益的手段，而不是目的。作为“经济人”的林地使用者是想通过占有、使用林地获取经济利益，要达到此目的，必须完成林地流转。

从我国林地流转实际来看，林地合法流转渠道不畅。全国林地流转市场仍处于起步阶段，还没有形成统一规范的流转市场，流转中介组织较少，流转信息传播渠道不畅。一些地方尽管建立了流转中介组织，但真正按市场经济法则对林地流转进行运作的并不多。林地所有者有转出林地意向却找不到合适的受让方，而需要林地的人又找不到中意的出让者，影响了林地合理流动和优化配置。目前各级政府比较注重培育林地流转的“一级市场”，即通过诸如承包、拍卖、租赁等途径使公民、法人以及其他组织等依法获得林地的使用权。但是，由于我国林地流转“二级市场”尚不发达，致使林地再次流转受到限制，林权人的收益预期受到损害，其投资积极性受到抑制。

5.3 国有林地承包者的收益受到限制

在现有法律方面，比较明显的就是森林采伐许可制度的实施。根据《民法通则》对财产的有关规定，“财产所有权是指所有人依法对自己的财产享有占有、使用、收益和处分的权利。”《物权法》第四十五条规定：所有权人对自己的不动产或者动产，依照法律规定享有占有、使用、收益和处分的权利。而《森林法》第八条规定，对森林采伐实行限额管理，也就是说，作为林权主体，林权最为核心的权益——收益权的实现受到外界限制。《森林法》第八条规定，建立林业基金制度，并且征收育林费。造成林权主体收益的降低。《森林法实施条例》也有相关规定。

另一方面，林地承包者收益受到侵犯，不仅表现在实际权益的丧失，也表现在由于林权制度的缺陷，导致林地的经营者对未来预期不确定而实施的短期行为，虽然林业经营存在的特定原因使未来预期不确定，但是林权制度的不完善加大了这种不确定性。林业税费制度，林业税费政策对林地承包者权益的实现干扰较大，主要有三类：国家财税部门征收的税费、林业部门收取的林业费、其他部门或单位收取的各项费用。此三类税费合计共有十多种，约占木材收入的40%左右。也有研究认为林业税费达到木材售价的70%。实际上，在国有林区，由于地方财政对林业的依赖，地方政府往往会采取“搭车收费”的行为，而附加一些费用，这些因素都提高了林业的税费比重。由于林业税费项目多而重，征收比例高且乱，林地的承包者已不堪重负。林业经营者没有了从事林业生产的积极性。

学界统一的观点是，制度设计与实施是不同的，由于在实施的过程中，制度往往会受到过多的或者是不确定的因素的干扰，在林业经营过程中体现的很明显，但是，林业经营主体的应有权益却是统一的，林地承包者的法定权权益、实际权益以及应有权益悬殊很大。林地承包者法定权益的落实问题历来是为中国政府所重视的，因为林地承包者权益在实践过程中不能有效的落实，导致林地经营者权益受到很大的侵犯。那么，保证林地承包者权益的落实就成为制度设计的首要目标。

6 国外国有林权改革的经验与启示

国有林在各国的生态建设和木材等林产品供给中始终占有重要地位。由于各国政治经济和社会背景里的不同，对于国有林的基本定位也有所不同。因而，对于国有林及森林企业的管理体制、机制和政策也各有特点。在各国国有林的发展历程中，既有成功的经验值得我们借鉴，也有失败的教训值得我们汲取。

6.1 国有林股份制经营：奥地利的国有林权改革实践

6.1.1 奥地利国有林改革历程

奥地利是一个林业发达、国有林较少的国家，根据 2004 年 1 月公布的《森林清查》结果，奥地利 47％以上的国土面积被森林所覆盖。在奥地利森林中，国有林占 15％，由国有的联邦林业股份公司经营；私有林占 53.4％，由小私有林主所有；大企业的森林占 31.6％，由 200 公顷以上的大森林所有者所有。

1925 年，奥地利成立国有林局，直属农林部，但它不是一个行政管理机构，而是自负盈亏的经济实体。1974 年以后，国有林局连续几年亏损。1986 年以后，国有林局虽然恢复盈余，但经济状况仍很困难。1996 年，将国有林局改制为国有林公司，1997 年建立奥利地联邦林业股份公司，实行所有权与经营权分离、精简机构和人员、自负盈亏的改革，国有林经营逐步扭亏为盈，2004 年税前收入达 2 290 万欧元，走上了良性发展的道路。

6.1.2 1997 年国有林改革要点

1. 改革要点

（1）组建奥地利联邦林业股份公司。1997 年后，国有林管理机构实现了改革转制，成立了奥地利联邦林业股份公司。该公司没有国家投资，自负盈亏，每年给联邦政府上交 50％的税前收入，并保证公司具有国有林资产保值义务和保值经营义务。

（2）精简机构。国有林企业已从 20 世纪 60 年代的 100 个逐渐调减到 80 年代的 50 个、1997 年的 25 个和现在的 12 个；林场由 1997 年以前的 250 个缩减为现在的 121 个。

（3）精简人员。林业职工从 1998 年的 2 000 人缩减到 2004 年的 1 150 人。联邦政府也配套有较完善的失业人员补偿政策、补偿制度与资金保障，保证了转制的顺利进行。人员精简主要采取 3 种方式：①自然减员：退休。②买断工龄：由公司提供资金买断工龄（男 55 岁、女 50 岁）。③提前退休：向提前退休者支付 80％工资，其中 25％由国家支付，其余 55％由公司支付。

2. 主要经验

（1）大幅度压缩结构和调减开支是保证国有林业盈余的关键。早在 60 年代，奥地利国有林业局就重视林业机构和人员的优化改革，从 1997 年开始，大幅度压缩国有林业机构和缩减人员，国有林企业及人员平均减半。如果没有管理体制的改革，国有林是很难逃过赤字危机的。

（2）林农在奥地利森林经营中发挥了重要作用。用材林、防护林的树种结构调整，减少云杉比重，提高欧洲赤松、落叶松、阔叶树种比重，林农是推动这一变化的关键力量。全国现有 11 000名林农专门从事林业劳动。奥地利政府为发挥、林农积极性，从 1995 年开展奖励活动，在全国树立私有林经营的样板，开始近自然林业、私有林集约经济和农业合作社经营。

（3）开展近自然林业经营。由于奥地利林业重视发展树种的近自然结构，新增林面积的90%是在经营良好的乔林区。

（4）林业生产采取合同方式。林业、木材生产在国有林系统的经营收入中占主导地位，一般年份约占总收入的3/4。公司近一半的业务量，约45%是由长期合同固定下来的，因此偶发事件不太可能使业务偏离一定的轨迹。

6.2 国有林私有化经营：德国萨克森州的国有林权改革实践

在原民主德国时期，萨克森州的人民林由15个林场负责经营管理，曾经拥有一支近1万人的庞大队伍。两德统一后，萨克森州于1991年制定了州《森林法》，并按照联邦德国“统一林业局”模式对原有机构进行了改革。设立了州林业局，下设2个森林管理局、71个林业局和408个施业区。包括联邦农业部林务局所管辖的国有林和其他联邦、州政府部门所管辖的森林。私有林中包括私营企业所管辖的森林及小私有林所有者的林地。公有林主要集中在西部地区，而东部地区则集中了大部分私有林。用材林中的73%由个人或私营企业经营，27%由联邦政府、州政府或其他公共单位管辖。国有林是由联邦农业部林务局经营的森林，其总面积为3 440万公顷，占全国用材林总面积的17%，占立木蓄积总量的27%，占针叶林立木蓄积量的41%，其阔叶林立木蓄积量偏低。国有林多处在高海拔的西部山区和不可及地区，由于成、过熟林多，蓄积量相对较高，木材生产潜力大，但生产率较低。国有林在经济发展中发挥着重要作用，但其收支却难以平衡。国有林长期进行着亏损性采伐，入不敷出是普遍现象。1993年林务局亏损3.09亿美元，1985—1994年累计亏损56亿美元。因此，国家对国有林的财务管理实行统收统支制度。

2003年出台的后续改革方案：成立一个公有制性质的州立企业，专门负责国有林经营管理；撤销州林业局，改变为一个专门的管理部门；撤销原有的2个森林管理局，合并到地方行政部门；进一步压缩编制。

主要经验：

（1）天然林保护与保护去建设。德国认为天然林是"近自然林业"的样板，而且这能带动森林旅游业的发展。现划出580个天然林保护区，占国土面积的4.5％；12个生物圈保护区，占国土面积的3.2％；12个国家公园和5 171个自然保护区，占国土面积的3.8％；85个自然公园，占国土面积的16％以上。

（2）依法治林，严格管理。在世界林业发达国家中，德国是林业法律、法规最为健全的国家之一。德国"近自然林业"的实施主要通过《森林法》和《自然保护法》。

（3）产业带动。用发达的木材工业、森林旅游业带动林业发展。

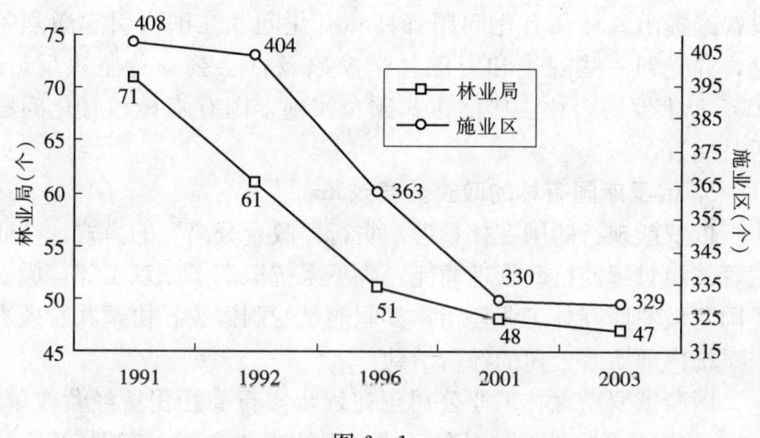

图6－1

6.3 国有林政府主导经营：俄罗斯、波兰、美国的国有林权改革实践

6.3.1 俄罗斯国有林改革实践

1. 俄罗斯国有林改革的背景

俄罗斯是世界森林资源大国，森林全部为国有，立木蓄积量约占世界总量的1/4。俄罗斯森林的年生产能力约5亿m^3，但实际采伐利用量很低，造成巨大的经济损失。俄罗斯林业和森林工业面临的主要问题是低效的管理系统以及生产设备陈旧、基础设施落后和投资不足。俄林业产业具有创造产值1 000亿美元的潜能，但现在只发挥了其能力的7%～10%。

过去俄罗斯一直是林业强国，但现在俄唯独保留着世界原木出口领先的位置，国际市场上1/4的原木是由俄罗斯供应的。10年来，俄木材综合加工业萎缩了2/3。

2. 俄罗斯国有林的私有化论争

俄罗斯森林资源全部为国有，2003年新森林法草案酝酿阶段曾经提出森林私有化问题森林私有化问题在国内引起激烈争论，并受到一些院士和资深林学家以及社会公众的坚决反对。2007年俄罗斯森林法典已正式颁布实施，国有森林私有化问题暂时搁置。

3. 俄罗斯国有林的政企分离改革

俄罗斯现行的国有林管理，实行“政企分离”的模式，林业主管部门只行使行政管理职能。森工系统取消了原森工部，成立了国营俄罗斯森林工业公司，其职能是受国家委托协调并管理森工系统内部所有公司的经营活动。

国营俄罗斯森林工业公司正在逐步实行委托租赁经营改革。租赁采伐已成为俄罗斯国有森林利用的主要方式。在2002年采伐利用中，租赁采伐占66%。

6.3.2 波兰国有林改革实践

经济转型前，波兰的森林是高度国有制，国有林占 83%，国家林业企业实行国有国营式森林经营。20 世纪 90 年代经济转型以后，国营林业企业实行自负盈亏森林经营，其经济收入主要来自于木材销售。

目前波兰国有林业企业正在进行改革。改革的主要方向就是精简人员，所精简下来的人员主要为私人林业公司服务，但是这些人员的实际收入受到了一定影响，原来国有林业企业职工的安置难度大国有林业主管部门通过委托经营方式，把种种林业作业承包给私人公司，包括采伐、育苗、更新造林等。

波兰国有林改革比较成功，在经济上能做到自负盈亏，在森林经营上迅速迈上可持续经营的道路。波兰 47%的森林获得了 FSC 认证，成为世界上拥有 FSC 认证森林面积第二大的国家。

6.3.3 美国国有林改革实践

美国是私有林为主的国家，国有林不足 20%；国有林把保护生态环境和向社会公众提供森林游憩服务为主要任务。

1. 管理机构

美国国有林由联邦政府实行垂直管理，管理机构分为四级：美国林务局；8 个国有林大区；155 个国有林区；600 个营林区。

2. 投入体制

国有林的财政管理实行“收支两条线”政策，国有林预算每年要通过国会审查批准；采伐收入全部上交财政；对国有林实行免税政策。

随着人们环境意识和法制观念的不断增强，美国的林业实践活动发生着急剧的变化。20 世纪 90 年代以来，国有森林的木材采伐和销售量大幅度减少，减幅超过了 80%。

由于美国采取“政企合一”的经营模式，即政府林业行政管理机构直接管理国有林企业，对人、财、物、产、供、销实行统一领导。美国国有林经营管理从以下几个方面开始了新的改革尝试：①逐步剥离林业企业履行的政府职责，实行政企分开；②开展国有私营改革，逐步对国有森林的营林、采伐、基本建设等，实行政府投入、市场招标、企业承包经营的改革实践；③精简人员，提高效率。

联邦政府无权干预私有林的经营，便通过一系列的扶持政策来激励私有林主营林的积极性。对小私有林主实行税收和贷款等扶持政策，通过税收政策对森林经营者实行优惠，从而使林业生产对投资者更具吸引力。还向小私有林主发放专门贷款，利率在5%～6.5%，年限为1～7年。对上缴木材所得税也给予一定的优惠。

作为森林培育的一种鼓励手段，育林者也可在正常买卖业务中通过销售林木或林产品获得收入。美国国会通过了一项关于鼓励造林更新的长期政策，即凡在私有土地上进行更新造林的费用，可以在当年纳税时扣除，但所扣除金额不得超过1万美元。

由于美国的土地面积超过了农业生产的需要，政府制定了“退耕还林”的政策，规定现有的农田如果原来是林地的话，就必须退耕还林。在5年内，政府连续为每公顷林地补助111美元。

私有林更新造林的资金来源有限，为鼓励营造私有林，美国设立了一项林业奖励项目基金，各州统一实行造林奖励政策。该基金对造林费用补贴的最高幅度可达65%，一位林主一年所获得的最高补助额可达1万美元，补贴费用由政府支付。申请者必须符合下列条件：①申请者必须是小私有林主；②申请者拥有的宜林地面积必须在4～400公顷。该基金自1973年经国会批准实施，到1993年共有12.641 8万人获得造林补贴，补贴面积173万公顷，补助金额达2.06亿美元。根据补贴条款，用该款营造的林木至少10年内不得采伐。

3. 国有林管理体制的改革

20世纪60年代颁布了《森林多种利用及永续生产条例》

后，森林的利用范围扩大了。美国的森林经营思想由单纯的生产木材向多效益利用方面转变。70年代以来，社会舆论越来越关注森林保护和环境保护工作。随着森林旅游业的不断发展和环保意识的不断加强，国有林以木材生产为主的经营方针受到了强烈的批评。因此，联邦林务局不得不对其经营思想和管理机构进行必要的改革和调整。国有林进行体制改革的主要原因是环境保护运动的高涨和社会舆论对环境保护的关注。

20世纪90年代初，美国政府立刻提出了行政管理机构改革方案，制定了建立有企业家精神的管理部门，克服形式主义，努力为基层服务，培养有责任感的职员并注意节约开支的四项改革目标。作为试点单位的联邦林务局经过反复酝酿和讨论，于1994年12月提出了林务局体制改革方案，把生态系统管理确定为森林经营的主要目标，并建议按生态特征将全国9个大林区合并成7个。然而，由于受党派之争的影响，林务局的改革方案受到占议会多数的反对党（共和党）的批评，改革工作进展很慢。林务局的改革从表面上看是减少了人员，但减少的人员大多集中在非管理层，而上层的管理人员却未见减少。由此形成的恶果是加重了第一线职员的劳动强度并造成频繁的无序调动。改革方案中调整大林区的设想难以实施，开展林区重组的可能性也很小。

美国林务局国有林体制的改革仍在进行之中，尚有许多亟待解决的问题。改革工作也承受着来自各方面的压力和影响。首先是来自众、参两院反对党的压力。反对党在两院均占多数，他们倾向于经济的多元化发展，对林务局调整森林经营方针建议的态度冷淡，还从法规和经费上设置障碍。其次是来自社会舆论的压力，环境保护主义者对林务局的决策具有较强的不信任感，他们通过质询或法律等手段向林务局管理层施压。主张实行生态系统管理和木材生产优先两个阵营的意见使林务局陷入进退两难的境地。再次是在制度建设和体制改革方面没有什么经验，财政紧张是影响改革进程的最大障碍。最后还有林务局内部人员配置的问题，从林务局内部选拔行政管理人员是新体制中人事制度改革的象征，野生生物专家托马斯1993—1996年期间就任林务局长有效地推动了林务局内部的改革。选拔年轻有为的青年人担任领导职务能够增加林务局的活力，加快林业改革的步伐。

主要经验：①坚持森林资源的国有制、地方（省、县级）所有制；②坚持森工企业与森林资源管理脱离；③坚持森林资源的可持续利用；④安置好富裕职工；⑤减免林业税。

6.4 国有林市场招标经营：日本的国有林权改革实践

6.4.1 改革实践

日本从1998年开始对国有林经营管理体制进行了彻底的改革，到2004年已经基本完成。

（1）改革分类经营体系。按照主导功能将森林为3类：水土保全林（64%）、人与自然共生林（27%）、资源循环利用林（9%）。生态公益林由50%增加到91%，用材林由50%减少到9%。

（2）调减木材生产量。在新的经营框架下，国有林的木材生产量大幅度减少，主伐量减少，间伐量增加。

（3）改革会计制度。废弃了以独立核算为前提的企业式特别会计制度，实行以公共财政投入为主、经营收入为辅的公益型特别会计制度。

（4）妥善处理国有林债务。对于国有林3.8万亿日元的累计债务，2.8万亿日元由国家财政偿还，其余1万亿日元由国有林自身的经营收入分50年逐步偿还，国家给予利息补贴。

（5）整合管理机构。农林水产省林野厅的国有林管理部和业务部合并为国有林部；派出机构由原来的9个营林局、5个营林支局、229个营林署，合并为7个以大区域为单位的森林管理局，98个以大流域为单位的森林管理署。

（6）压缩编制，精简人员。国有林固定职员总数在最兴盛时期的60～70年代曾达到8万余人，改革前的1997年为13 700人，1998年为8 400人，2004年减少到5 260人，基本达到了精简目标。精简途径主要是：自然减员（退休）；向其他中央省厅转移；转制到民间森林经营企业；控制接收新职员的名额。

（7）实行管理主体与经营主体的分离。国有林管理单位只负责森林的保护、经营计划的制定、经营监督以及部分治山工程，造林、采伐、林道建设等国有林经营的全部业务都通过招标制，委托给民间企业实施；同时积极推行分成造林、分成育林和土地借出制度，鼓励企业、团体和个人承包经营国有林，收益分成。

（8）完善法律体系。于1998年10月颁布实施了《国有林事业改革的特别措施法》，修改了《国有林事业特别会计法》和《关于国有林经营管理的法律》，同时，对《森林法》和《森林林业基本法》中有关条款也进行了修改，为国有林改革提供了法律依据。

随着人员减少和机构精简，委托经营的实施，经营效率不断提高，管理费用和人员经费大幅度减少，贷款、亏损“双减少”。加之国家投资的增加和转让撤销营林局、支局等的土地及固定资产，国有林经营状况有了明显的改善。

表6－1 日本国有林经营状况的变化

单位：亿日元

年度	经营亏损	新贷款	累计债务
2000	550	584	11 906
2001	520	410	12 316
2002	496	300	12 617
2003	506	179	12 796
2004	294	0	12 796

6.4.2 主要经验

（1）森林资源实行国有、公有（县有、市町村有）和私有

（个人和企业）三种所有制形式，责权利明确。

（2）国有林有明确的定位、经营目标和经营方针以及与此相对应的分类经营体系。

（3）国有林经营体系按理机构实行纵向管理，管理主体与经营主体相分离，行政手段与市场手段的有效结合。

（4）实行以公共财政投入为主、经营收入为辅的公益型特别会计制度，加大了国家对国有林的投资力度。

（5）合理处理了国有林经营单位的累积负债，妥善解决了人员分流问题。

（6）政府通过多种途径扶持营林及森工企业。

（7）有完善的法律保障体系。

6.5　国有林分类经营：新西兰的国有林权改革实践

林业是新西兰国民经济的重要支柱性产业，是“生态天堂”国度的重要保障。在20世纪80年代后，新西兰进行了以国有林为对象的分类改革，重点是将国有商品人工林私营化，将国有商品人工林资源出售给包括中国公司在内的各国公司进行经营。以私营为主的森林工业十分发达，原木、锯材是新西兰森林资源利用的主打产品，是国际林产品贸易中的重要伙伴。

政府退出国有林人工商品林经营管理推动了新西兰国有林事业的良性循环。以贸易为导向的新西兰林业企业的发展，拉动和推动了新西兰森林资源的培育与利用。

6.6　经验与启示

6.6.1　所有制结构

（1）发达国家森林产权明晰，普遍实行由国有林、地方有林、私有林等构成的所有形式（德国、日本、奥地利、美国都是如此）。

（2）经济转型国家的国有林改革中出现了两种趋势，一类是继续保持森林资源全部归国家所有（如俄罗斯、波兰），另一类是向着发达国家所有制形式发展，但比较复杂（如原民主德国）。

（3）发展中国家的所有制结构比较复杂，有的国家实行森林资源全部国有（如马来西亚），有的产权比较模糊（如巴西）。

6.6.2 管理与经营体制

近年来，许多国家在国内进行过关于国有林私有化的讨论，但最终结论都是必须保留国有林，发挥生态效益，维护国土安全，提高国民福祉，保证木材等林产品的稳定供应。国外比较普遍的几种国有林管理与经营体制：

（1）国家设专门的国有林管理机构负责政策指导和规划管理，成立国有林业企业直接经营（如德国、奥地利）。

（2）设国有林管理机构管理，按任务委托民间企业经营（如日本）。

（3）设国有林管理机构管理，长期全权承包或出售给民间企业经营（如新西兰、马来西亚、俄罗斯）。

6.6.3 投资体制

国外比较普遍的几种国有林投资体制为：

（1）国家投入，利润上缴（如美国等）。

（2）国家投入为主，生产经营收入为辅，单独核算（如日本）。

（3）公益林保护部分国家投入，商品林生产经营部分企业投入，收入分成（如德国、奥地利）。

（4）由民间企业长期承包或租赁经营，自负盈亏（如新西兰、马来西亚、俄罗斯）。

6.6.4 经营方针和经营模式

世界各国国有林经营的总体趋势是：

（1）重视森林多种效益的发挥，是各国国有林经营的重要方针。

（2）实行分类经营，多目标管理（日本、新西兰）。

（3）推进近自然林业，实行可持续经营（德国、奥地利、马来西亚）。

（4）实行公众参与，在国有林经营中充分体现纳税人意志（美国、日本）。

（5）实行流域管理，谋求国家与地方、政府与民间、上游与下游、森林培育与木材产业的相互协调（日本）。

6.6.5 林业企业管理体制

国外比较普遍的几种管理体制：

（1）林业企业仍保持国有，收支两条线（美国）。

（2）林业企业仍保持国有，独立核算（日本、马来西亚）。

（3）林业企业实行股份制，国家控股（奥地利、德国）。

（4）林业企业完全民营化或私营化，国家给予扶持（日本、新西兰、俄罗斯等）。

6.6.6 国有林改革的主要经验

国外国有林改革之所以取得较大的成效，得益于确立了简单明了的“减负增效”的改革目标，采取了行之有效的“精简机构、精简人员”的改革手段。

林业发达国家主要推进的是“国有私营”的改革模式，林业欠发达国家目前主要实行“国有国营”的发展模式。

不论是林业发达国家、经济转型国家，还是发展中国家，在国有林改革中，均实行法人而非自然人经营。

有效的政府扶持，健全的社会保障体系，是国有林改革中精简机构、精简人员得以顺利实施并达到预期目标的关键。

7 国有林权改革中政府职能定位

7.1 国有林权改革的政府职能保障体系

新制度经济学制度变迁理论为分析政府职能提供了一个有用的视角，这一视角对于研究政府在促进经济发展的职能定位上同样有重要的启迪作用。由于我国的经济发展处在一个经济转轨的时期，市场体系虽然已经基本建立，但完善程度尚有不足，基于这样一个现实，政府职能的定位应该是类似于四小龙的“强政府”，即政府应该主要承担秩序供给与制度供给职能。政府必须不断地转变职能，通过不断的制度创新为其进一步发展提供良好的整体社会环境和制度安排。对于刚刚进入国有林权改革的伊春市，改革所带来的阵痛是不可避免的。对于改革所引起的既得利益的重新分配、人们思想认识的转变，政府要尽快转变原有的职能来引导改革所涉及的各利益主体来适应新的环境。

从新制度经济学的角度来看，林权制度改革中的政府职能的合理性在于政府的优势——对全体成员的普遍性和强制力。下面分析一下这些职能包含哪些方面，其中又有哪些特殊性。

7.1.1 维持市场秩序

其核心是界定和保护产权，这是政府在市场经济中的首要职能，也是新制度经济学所关注的核心内容，正如诺斯所说的：“离开产权，人们很难对国家作出有效的分析。”产权本质上是一种排他性的权利，在市场经济中，商品的交换实质上是产权的交换，没有明确的产权，商品交换就无法正常进行，市场将长期处于混乱状态，根本就不可能产生有效的功能。可见，明确和受到保护的产权是市场经济运行的基础。政府不仅要界定和保护有形物品（如财产）的产权，也要界定和保护无形物品（如知识）的产权。有效地界定和保护产权，明确市场上每一个行为主体的权、责、利关系，是产生激励、提高效率，促进经济发展的重要源泉。如果一种经济资源没有明确的产权归属，谁都可以任意使用，就不存在商品交换关系，就没有市场激励，就不需要市场经济制度。政府只有对各种经济资源作出排他性的权利安排，才能维系市场的"生命"。虽然依靠私人势力或民间组织如"讨债公司"、"家族势力"、"黑帮团伙"在一定范围内和一定程度上也能实现对产权的界定，但这样做的结果是不仅社会成本很高，而且会造成极大的社会不公，最终将导致市场失效，影响经济发展。所以，对林业产权的有效界定和保护只能由政府来承担。

为此，政府必须制定一系列旨在确定排他性林业产权的制度规范及可转让的交易规则，并通过行政机构、执法机构和司法机构的工作保证产权规则的实施。

在国有林权改革过程中，政府"主持人、引路人"的角色尤为明显。由于国有林地初次从政府转移到承包者手中，产权界限相对模糊，这就必须有政府从中进行协调，进行产权界定，明确权利要素中各元素的所有者。由于林权改革的目的是要让林地流转起来，进行活立木交易。因此，也需要政府制定相应的交易规则来规范交易行为。政府在这一过程中要由原来的所有人、收益人转变为规则制定人、分配人。在改革初期，政府的部分既得利益要流失，但从长期来看，林权改革所带来的经济增长会增加政府收入，弥补这一损失。因此，国有林权改革后的收益也是引导政府进行改革、职能转变的动力。

7.1.2 矫正外在效应

所谓外在效应或外部性（Externality），按照经济学家贝格、费舍尔等人的看法，是指“单个生产决策或消费决策直接地影响了他人的生产或消费，其过程不是通过市场”。也就是说，外在的效应不能通过市场机制自动削弱或消除，这意味着有些市场主体可以无偿地取得外部经济性（external economics），而有些当事人蒙受外部不经济性（external diseconomies）造成的损失却得不到补偿。前者常见于经济生活中的“搭便车”现象，后者如工厂排放污染物会对附近居民或其他企业造成损失，对自然资源的掠夺性开采和对生态环境的严重破坏等。这类外在效应难以通过市场价格表现出来，当然也无法通过市场交换的途径加以纠正。通过社会道德教化固然能够使之弱化，但作用毕竟有限。只有通过税收或补贴政策或行政管制，才能使外部效应内在化，最大限度地减轻经济发展和市场化过程的外在效应，保护自然资源和生态环境。

相对于林业来说，由于林业除了具有经济效应外还具有社会公益性，因此林业具有外部正效应，可以说，发展林业是百利而为一害。由于这种外部性不具有排他性，不能通过付费来满足承包者利益最大化的要求，长此以往，承包者的积极性会被打消，不利于林业的可持续发展，林权制度改革也不能取得预期效果。因此，对于这种利国利民的产业发展，国家要给予一定的政策性补贴才能积极引导承包者进行林业生产。

7.1.3 提供公共产品

按照萨缪尔森的定义，公共产品是指那些在消费中具有排他性不强或排他的费用很高特征的物品，即供给它的成本与享用它的效果并不随人数规模的变化而变化，某人对该商品的消费并不减少或干扰他人对同一物品的消费。如国防和治安，花钱的人与不花钱的人同样享受其好处。所以，典型的公共物品在市场上是很少有人愿意提供的，但它又是社会经济正常运行所不可或缺，因此，只有政府来承担这个任务，这就为政府介入提供了客观依据。在现实社会中，市场经济的发展（市场的空间扩张）使社会经济联系越来越广泛，越来越密切。人们在广泛的社会经济联系中形成了一些共同的生产条件和生活条件，直接构成市场经济发展的基础条件。这些条件大多都具有公共品或准公共品的特性，于是不可避免地会产生如前所述的外部经济性以及由此而出现的“搭便车者”。更严重的是，既然人人都希望别人来提供公共产品，而自己坐享其成，其结果便很可能是大家都不提供公共产品。又如许多建设项目耗资巨大、投资回收期长，也很难进行排他性的产权制度安排。即使这些产品由私人提供了，也往往会出现供给短缺，不能充分满足市场交易和公众消费需要；或价格不合理，社会成本太高；或服务的覆盖面太窄，不利于形成整体社会效益。而缺乏必要的公共产品和基础性事业，便会大大降低资源配置的效率。因此，提供公共产品，发展基础性事业，政府责无旁贷，因为政府是行使社会公共权力的组织，只有它才能对社会成员进行征税。为此，政府需要直接兴办一些公共事业，或在政府的诱导和协助下兴办一些民间公共事业，或在政府的直接规制下采用市场手段进行公共事业外包，以满足经济发展的需要。

在进行国有林权改革过程中，要为承包者提供满足其生产需要的公共基础设施。由于公共基础设施建设投资成本高、建设期长、风险高，因此等待私人投资会造成公共产品供给不足，而政府进行公共基础设施的供给可以实现较大的边际效益。由政府为承包者进行公共基础设施的供给，会激励承包者更好的进行林业生产，同时也会吸引更多的承包者进行林地承包。

7.1.4 弥补制度短缺

正式制度安排变迁过程中会遇到外部性问题，即当一个制度安排被创造出来后，其他的个人可以模仿这种创新并大大降低它们组织和设计新制度安排的费用。因此，创新者的报酬将少于作为整体的社会的报酬，所以正式制度安排创新的密度和频率将少于作为整体的社会最佳量。同时制度的公共品性质又会导致群体行动中的搭便车问题，因为一旦制度安排被创新和建立，每一个受这个制度安排管束的个人，不管是否承担了创新和初期的困难，都能得到同样的服务。这也会减少在正式制度安排变迁过程中进行制度创新的激励。因此如果仅仅依靠诱致性创新来提供新的制度安排的话，那么一个社会中制度安排的供给将少于社会最优，社会可能会持续处于制度不均衡过程中，而在像中国这样的发展中国家，这种制度供需的矛盾会特别突出。这时，国家的干预可以弥补制度供给的不足，也就是由政府安排强制性的制度变迁。当然，政府也是理性人，只有某个制度安排的预期收益大于变迁成本，强制性制度变迁才有可能发生，这时政府应当及时推进制度创新，主动进行制度供给，弥补制度短缺。之所以说政府的制度供给对中国民营经济的发展十分重要，是因为我国是一个转型国家，政府的力量十分强大，市场力量相对较弱。在这样一个力量不均衡的博弈模型中，作为优势力量一方的政府的制度供给能力和意愿直接决定了中国经济市场化改革的进程。

另外，通过考察后发展市场经济国家（地区）的制度变迁，可以发现这些国家（地区）只用了短短几十年的时间就达到了西方社会几百年的发展水平。这得益于它们“发展导向型”的“强政府”以超常规的手段发动和推行经济改革的实践，这些国家（地区）的发展模式对我国的改革是很有参考借鉴意义的。因此作为转型国家的中国，在民营经济持续发展但仍有问题的现实约束中，由政府来承担秩序供给与主动制度供给的职能是有其现实意义的。这也构成了民营经济发展环境下政府职能的特殊性。

在国有林权改革过程中，政府的可利用资源就是政策。在案例中，伊春市政府出台一系列促进国有林权改革文件，对产权进行明晰的界定就是政府主动进行弥补制度短缺的例子。可以说，通过这样一种方式，制度变迁的进程得到了加速，政府和承包者都可在较短的时间内获得了制度创新的潜在收益。

7.2 国有林权改革过程中的政府职能调整

按照温家宝总理提出的经济调节、市场监管、社会管理、公共服务四项政府职能的要求，为配合国有林权改革的顺利进行，政府应加快推进政府治理模式由管制型向服务型转变，进一步转变政府职能。重点理顺政府与企业、市场和社会的关系，加快政企分开、政事分开、政社分开步伐，基层能办好的、下级政府能做好的，都要放下去，逐步实行执法下移，赋予县区政府更多的职责。

林业是生态环境建设的主体，是可持续发展的基础，是现代化建设的重要组成部分。以建设完备的林业生态体系和比较发达的林业产业体系为目标，以分类经营改革为中心，突出结构调整，促进市生态环境建设，推动林业经济发展。为此，为推动、配合林权制度改革，伊春林管局要在职能调整上，做到依法行政、统筹规划、把握政策、信息引导、加强管理、搞好督查、组织协调、提供服务，将交部分权力下放到承包者手中，做到与承包者“分权而治”。

国有林权改革，既是对产权的分离，也是对政府工作职能的调整。进行国有林权改革后，政府逐渐退出市场，不直接参与经济活动，而是转到幕后，以制定规则来规范市场、协调经济关系，将主要精力放在为各类市场主体服务和创造良好发展环境上，减少行政成本与企业投资成本。

7.2.1 将承包经营林地全部纳入商品林管理

国有林区森林分类经营方案是依据“天保工程”确定的分类经营比例，以小班为最小单位进行区划的，从而形成各经营区相互混杂、犬牙交错的局面。国有林权改革之时，按照方案要求对“浅山区农林交错、相对分散、零星分布、易于分户经营的国有商品林，按一沟一系一坡的自然界限进行集中连片区划，形成部分承包经营林地处于重点公益林之中”。但这部分重点公益林却不属于国家林业局、财政部林策［2004］94号文件规定的区划范围。职工在承包这些地块后，各项生产经营活动都将受到分类经营方案的制约。为彻底解决这一问题，国家应将承包经营林地设计的重点生态公益林区全部纳入商品林区管理。

7.2.2 尽快启动活立木交易市场

国有林权改革不能仅仅停留在林权的界定，产权明晰到人到户或其他经营实体还只是开始，更重要的是产权能够进行交易，实现流通，真正发挥市场在资源配置中的基础性作用，从而保障产权的合法权益、现实权益和长期权益。因此，对林地承包经营权和林木所有权在林业职工内部进行权属交易，以此来牵动这部分资本的良性运营，把资源变成资产、变成资本、变成资金、变成职工的利益，有效化解林业经营周期长的投资风险，实现国有林区林业历史上盘活活立木资产的突破。

7.2.3 尽快发放林地承包经营权属证

国有林区《林权证》只发放到森工企业局，参与林权改革的经营者只能用合同文本顶替《林权证》，承包经营者无法参与抵押贷款、森林保险等一切经营活动。由于林权证发放工作相对滞后，造成承包职工群众还有一定的顾虑和担忧。国家林业局应及时对伊春林权制度改革试点承包经营的林地权属及其变更认证下放权限，变一企一证为一户一证，按产权主体发放，实现规范化产权监督和管理，做到“林定权、树定根、人定心”。同时通过林木资源产权属证书抵押贷款，以解决承包经营户资金不足的问题。

7.2.4 逐步完善森林保险机制

私有林木保险主要是防火保险，按年度计算，特点是保险险种单一，不能满足林业经营者的需求。目前还有很多险种没有开办，如森林病虫害险、林区多种经营生产中的各类保险等。另外，森林保险的承保、签约、定损、理赔等工作难度大，使得开展森林保险的费用远高于其他险种，森林保险的组织体系、经营范围、基金管理、费率制度、赔付标准等也缺乏法律规范。国家林业局应协调有关部门为国有林权改革试点实行政策性保险，有效规避经营风险。

8 国有林权改革的法律保障体系

8.1 国有林权改革中存在的法律缺陷

8.1.1 现有林地流转相关法律制度

自改革开放以来，国家对森林、林木、林地流转制定了一系列政策和法律法规，对森林、林木和林地流转起到了一定作用。见表 7-1。

表 7-1 国家相关法律概况

年份	法律法规名称	内　容
1987		国务院第一次提出了“土地使用权可以有偿转让”的政策
1988	《宪法》	增加了“土地使用权可以依照法律规定转让”的条款
1993	《农业法》	规定：“国有土地和集体所有的土地的使用权可以依法转让”
1993	《中共中央关于建立社会主义市场经济体制若干问题的决定》	规定：“允许土地使用权有偿转让。少数经济发达的地方，本着群众自愿原则，可以采取转包、入股等多种形式发展适度规模经营，提高农业劳动生产率和土地生产率”
1995	《国民经济和社会发展“九五”计划和 2010 年远景目标纲要》	明确“依法保护并合理开发土地、水、森林、草原、矿产和海洋资源，完善自然资源有偿使用制度和价格体系，逐步建立资源更新的经济补偿机制”

（续）

年份	法律法规名称	内　容
1995	林业部、国家国有资产管理局制定下发了《关于森林资源资产产权变动有关问题的规范意见（试行）》	对森林资源所有权或使用权流转变动初步进行了规范
1998	《森林法》	第十五条规定，用材林、经济林、薪炭林的林地使用权，用材林、经济林、薪炭林的采伐迹地、火烧迹地的林地使用权以及国务院规定的其他林地使用权可以依法转让，也可以依法作价入股或者作为合资、合作造林、经营林木的出资、合作条件，但不得将林地改为非林地
2002	《农村土地承包法》	规定："国家实行农村土地承包经营制度。农村土地承包采取农村集体组织内部的家庭承包方式，不宜采取家庭承包方式的荒山、荒沟、荒丘、荒滩等农村土地，可以采取招标、拍卖、公开协商等方式承包"，"耕地的承包期为三十年。草地的承包期为三十年至五十年。林地的承包期为三十年至七十年；特殊林木的林地承包期，经国务院林业主管部门批准可以延长"，"国家保护承包方依法、自愿、有偿地进行土地承包经营权流转"，"通过家庭承包取得的土地承包经营权可以依法采取转包、出租、互换、转让或者其他方式流转"
2003	中共中央国务院［2003］9号文件《关于加快林业发展的决定》	要求"加快推进森林、林木和林地使用权的合理流转，在明确权属的基础上，国家鼓励森林、林木和林地使用权的合理流转，各种社会主体都可以通过承包、租赁、转让、拍卖、协商、划拨等形式参与流转。森林、林木和林地使用权可依法继承、抵押、担保、入股和作为合资、合作的出资或条件。积极培养活立木市场，发展森林资源资产评估机构，促进林木合理流转、调动经营者投资开发的积极性"

8.1.2 现有相关法律所存在的缺陷

促进国有林权改革就要推动国有森林资源产权制度改革与创新，对森林资源做出交易产权制度安排已成为法律面临的抉择。适应市场经济发展的需要，森林资源产权制度终究要向市场供给渐进，关键是法律要主动做出森林资源产权交易的制度选择与安排。产权是交易的产权，一项产权如果不被用来交易，就不会带来经济绩效与效率。法律对森林资源产权的安排不能固守于满足稳定、安全、公平的承诺，而应追逐森林资源产权绩效大于成本的制度目标，否则法律的资本作用就没有理性依据，而缺乏理性依据的制度再多，也不会推动经济增长与发展，因此我们必须在推动制度创新上下功夫。因为制度的创设并不是无代价、无成本的。考虑到制度的变化的现实与阻力，制度的创新更要慎重。当然，法律对森林资源产权交易制度的安排，应当是在可持续发展的经济理性的指导下进行的制度选择。可持续发展是兼顾公平与效率的发展，效率经常成为衡量可持续发展的硬指标。根据可持续发展的经济理性构建的法律制度就必然是突出追求森林资源效率的制度安排。然而，产权效率是以产权交易为前提的。由于产权是排他性权利，产权支配的完整性就必然要求产权交易的完整性，因而也就决定了产权交易必须有所有权的交易，即完全物权的交易。《森林法》尽管做出了森林资源产权创新性制度安排，但并未使森林资源产权制度发生实质性制度变迁与可持续发展法律的制度要求尚有较大距离。因此，森林资源与价值，森林资源主权与所有权，森林资源所有制与所有权等理论与实践的突破与创新已经迫在眉睫。森林资源产权制度改革与完善应确定市场目标，必须形成多元投资主体机制。向林业投资的主渠道应当是经营者，从法律上保证其投资的主观努力与客观报酬成正比，并逐步安排出经营者向林业投资的动力源泉，这正是法律进行森林资源交易产权制度创新的根本性路径的选择。

8.2 促进国有林权改革法律制定方向

8.2.1 完善现有的森林资源产权法规

现行的国家制定的有关森林资源产权制度的法规是森林资源产权制度建设的前提和必要条件，特别是在森林资源的有偿使用方面，应制定森林资源产权有偿使用和流转的法规，做到所有权和使用权流转法制化和规范化。同时还应规定和规范林木所有权有偿转让和森林资源资产化管理方法，实行林地资产评估制。加强林权证的发放和管理，有效发挥林权证作为林地所有权和使用权的法律凭证的作用，维护森林、林木和林地流转后产权人的合法利益。

8.2.2 建立森林生态补偿制度

商品林以赢利为目的，通过市场实现其价值，获得经济效益，从而可以对其成本进行补偿，维持或扩大其生产规模。而公益林以生态效益为目的，不能进行生产性砍伐，无法通过市场实现其价值，其成本无法得到补偿。为了保持公益林可持续发展，继续发挥森林生态效益，有必要对其进行经济补偿，建立生态效益补偿机制。有必要重新制定一套与分类经营相适应的森林生态效益补偿制度。国家应设立森林生态效益补偿基金，由林业行政主管部门负责管理。林业行政主管部门严格按照法定的程序和标准进行森林生态效益的评估和补偿金的发放，并监督补偿金的专款专用。

8.2.3 确定明晰的森林资源产权关系

通过法律明确规定，代表国家行使森林资源所有权的部门与森林资源使用经营人之间的区别，并划分其职能和责任，界定经营主体，明晰权、责、利，正确处理所有权、使用权与经营权的关系，调动各方面的积极性。要规范代行所有权人与经营人各自的权利和责任，使其各享其权，各负其责，同时规范对森林资源所有权与使用权的行使的有效监督机制。

8.2.4 明确和保证森林资源产权人的权利

森林资源产权的主体包括对森林、林木和林地享有所有权的国家和集体，对林地享有使用权的集体和个人，以及对享有使用权的林地上的林木享有所有权的个人。森林、林木和林地流转后，国家对林地享有所有权，个人不仅对林木享有所有权和使用权，而且享有以下特殊的权利：森林采伐利用权、林内野生植物采集权、获得补偿权、投资权、继承权、流转权、担保抵押权。

8.2.5 填补因国有林权改革引起的法律空白

国有林权改革必然会引起既得利益的重新分配，在这一过程中会出现旧法律不能解决的问题。尤其是在国有林权改革中，以前集中在政府手中的权利和义务一旦分配到各投资者，必然会引起一系列的矛盾和问题。如果法律不能及时的解决出现的问题，势必会影响到改革的效果。如改革中涉及的资产评估、交易、抵押、保险等问题都没有完善的法律可以依据，另外还有一些问题有法可依但并没有具体的实施细则。因此制定新的适用于国有林权改革的法律法规势在必行。

8.3 国有林权改革中法律具体实施措施

8.3.1 改进森林采伐限额制度

在国有林权改革过程中，现行的采伐限额制度制约了社会资金投资林业的积极性。社会资金投资林业无疑是利国利民利己的事情，从所有权的层面考虑，社会资金投资林业所形成的林木应当属于投资者所有，他们完全可以按照自己的意志在不损害他人利益的前提下处理自己的林木，这是所有权的本义也是市场经济的本义。但是，在采伐限额制度下，社会资金投资所形成的林木也仍然要受到采伐限额的约束，投资者无法按照自己的意志行使自己的所有权。客观上妨碍了投资者投资林业的积极性。中央电视台曾报道的陕西农民石光银联合当地 100 多户农民治沙造林，他们所造林木价值达 3 000 多万元，但因为其所造林木大多是生态林，根本无法取得采伐指标，以至连 300 多万元的银行贷款也无法偿还，陷入了守着金饭碗讨饭吃的怪圈。现在，伊春林区正在进行国有林权改革试点，将国有林区 9.3%的商品林通过承包、拍卖等形式流转给林区职工经营，以激励非公有制主体参与林业建设，为国有林区发展趟出一条新路。在此过程中，投资者最担心的就是自己在经营期间受采伐限额的制约不能取得经营效益，增加营林的风险。2001 年国务院以 278 号令发布的《中华人民共和国森林法实施条例》第三十三条已提出外资营造的用材林，实行采伐限额单列，给商品林经营开了一个小口，但不能根本解决问题。

适应林业发展的需要，应修改《森林法》，将适应计划经济体制的采伐限额制，改为适应市场经济需要的采伐报告制。报告制在法律上和实际上承认经营者（林地使用权人）对自己经营的林地上造什么林、怎样造、怎样经营、何时抚育、何时采伐，采多少、卖给谁，都有决定权。在操作上，停止层层下达采伐限额和采伐指标，改为在采伐前由林权权利人向林业主管部门报告采伐地点、面积等，主管部门依法审查，如果合法就应该批准，在报告一定时间，如两周不予答复，就视同同意采伐。如果报告人的采伐不合法，主管部门就应对其进行说服，劝其改变，如果坚持采伐，法律后果则由报告人承担。在采伐限额制改为报告制以后，可废弃现在强制进行的采伐设计检尺、运输检查、销售、加工等众多环节的许可和审批。

作为过渡性措施，应该废止《森林法》没有规定、限制或者剥夺林权权利人财产处理权的做法，如县级制定限额权利的限制，对抚育伐、主伐年限的限制，等等。制定出台《国有林权改革试点林木采伐管理办法》，对非公有制林业实行采伐限额单列，对人工商品林，特别是速生丰产林和短周期工业原料林的采伐年龄，由经营者自主确定，需要林木采伐更新时，由经营者申报，经林管局审批，最大限度地放活林地承包者商品林经营权。

8.3.2　重塑市场经济条件下的林业产权制度

当前国有林地政策存在以下问题：首先是国有林地产权界定不完全。主要表现在几个方面：第一，森林资源属于国家，但这种所有权未延伸及草本植物和动物，使得药材、野生花卉及狩猎资源成为没有权属界定的共享资源，不利于森林资源保护与利用的完整性；第二，林木与林地割裂，林木可以为个人所有，但林地只能为国家所有，没有林地的所有权，林木的所有权难以得到有效的保障；第三，国有林区《林权证》只发放到森工企业局，参与林地流转的经营者只能用合同文本顶替《林权证》，不利于经营者参与抵押贷款、森林保险等一切经营活动；第四，对于林木的所有权不包括处置权。

其次是森林资源产权缺乏相应的法律规范。森林资源使用权有偿流转的范围缺乏法律的统一规范，哪些可以转让，哪些禁止转让都不明确，如自然保护区的林木、防护林、特种用途林以及近几年兴起的森林公园等是否可以转让，也没有法律明确规范。另外，关于森林资源使用权有偿流转的方式、程序以及转让双方的权利、义务和违约责任等皆缺乏明确具体的法律规定，使得操作起来较混乱。

针对国有林地政策上存在的问题，具体地讲应该采取以下对策：

革新森林资源产权制度。从现行的产权制度改革入手，通过建立和完善森林资源管理制度，进一步明晰森林资源产权关系，明确产权主体。在经营者获得林地使用权和林木所有权的基础上，使经营主体到位，并充分尊重经营者的生产经营自主权，赋予其产品销售权和处置权，落实收益权。政府在行使林业管理权时要切实转变职能，不应过多的进行行政干预，而更多的应该扮演好服务者的角色，严肃处理侵犯森林所有者合法利益的行为，使森林资源产权得到保护。

制定国有林地使用权流转和抵押、担保办法，落实流转、抵押、担保权。对林地使用权的流转《森林法》已有原则规定，《担保法》对用林地使用权作抵押、担保也有规定。但由于缺少具体的可操作的办法，对一系列具体问题的处理，如何评估等还没有具体规范，因此在实施中确有一定难度。这对搞活森林资产，化解林业周期长不利，对于用森林资产去融资也十分不利。为了保障林权制度改革的顺利进行，必须尽快制定和实施《国有林地使用权流转办法》、《国有林地使用权抵押、担保办法》、《森林资产评估办法》。

加强对国有林权改革市场的监督管理。建立严格的国有林地使用权登记制度，对权属及其变更进行法律认证，林木林地产权一经明晰，应抓紧颁发林权证，变国有林区一企一证为一户一证，按产权主体发放，实现规范化的产权监督。政府及森林资源管理部门要强化对林地流转监督管理，监督林地使用者由于经济利益的驱动而改变使用方向。

8.3.3 改革不合理的税费收取政策

国有林权改革后在税费方面主要存在以下问题：一是个人所得税征收不合理。税法规定："工资、薪金所得，以每月收入额减除费用 1 600 元后的余额，为应纳税所得额；个体工商户的生产、经营所得，以每一纳税年度的收入总额，减除成本、费用以及损失后的余额，为应纳税所得额；对企事业单位的承包经营、承租经营所得，以每一纳税年度的收入总额，减除必要费用后的余额，为应纳税所得额”。林业职工承包的林地，生产周期长，见效慢，每一次木材销售收入所得，实际上是几年或几十年造林的投入、森林管护和采运木材的工资，如果按“以每一纳税年度的收入总额，减除必要费用后的余额，为应纳税所得额”的话，应纳税所得额相对提高，显得极不合理。二是育林基金收缴不合理。我国已实行社会主义市场经济体制，林业分类经营也已开始实施，商品林将按市场机制独立运行，商品林中提取的育林基金若继续用于公益林建设，是不合理的；无论对国有林、集体林还是私有林，都一概征收育林基金，这与社会主义市场经济条件下规范产权制度的要求相抵触。特别是国有林权改革后，流转森林、林地、林木所获收益全部纳入了育林基金，职工个人承包经营者还需先期投入资金进行更新造林、森林抚育和森林保护，如果再征收其育林基金是显然不合理的。

在开放的市场经济条件下，改革林业税费征收制度，是林业发展的现实要求，势在必行。其具体要求包括：

林业税费制度应考虑到林业生产特点。首先对林业应有一个科学全面的认识：一是破除森林无价传统观念。林业是劳动产品，具有价值和使用价值，林木产品销售应遵循价值规律，进行等价交换。二是林业是再生资源，利用时要进行必要的补偿，以进行再生产。三是林业生产周期长，生产资金是多年投入，一次收回，因而风险很大，难以吸收其他部门资金流入，为了保证林业发展适度规模，国家财政和信贷机构对林业资金投放给予必要优惠。四是凡得益于林业而发展生产的部门，如水利、煤炭等应对林业生产给予适当支持和补偿，并制止四面八方伸手向林业争利的现象。

加快调整林业税费。一是降低或免征育林基金。建议对非公制林业实行更加优惠的政策，对经过承包、转让等形式获取经营权的商品林生产，应实行按木材销售收入5%征收育林基金的政策；而对于职工自己投资造林进行的商品林生产，应免征育林基金。二是合理计算林地承包经营者个人所得税。如第一次木材收入（不含流转收入），应以以前经营年限为基础，扣减必要的费用后，确定年度纳税所得额。三是限期取消地方的不合理收费。

充分发挥税收对林地流转调节作用。税收作为调节经济手段，要比价格及信贷更带有强制性、无偿性、见效快特点，因而灵敏度高，反应迅速。可以根据林业生产特点，通过“低税费”政策，保护促进林业迅速发展。另一方面对其木材消费应实行高税费，以此来调节生产。

8.3.4　建立健全森林保险体系

1. 当前我国森林保险面临的主要问题

从保险业层面分析，赔付率过高，亏损严重。我国是世界上自然灾害最为严重的国家之一，平均每年发生森林火灾约 1.35 万起，受害面积 73.71 万公顷，相当同期人工造林保存面积的 20%～25%；森林病虫害所造成的损失更大，人们形象地称之为“不冒烟的森林火灾”。自 1976 年以来，全国每年的森林病虫害发生面积都在 670 万公顷以上，约占全国现有森林总面积的 1/18，超过每年造林面积的 40%左右。同时，森林保险不仅风险大且保源不够集中，需求不明显，保险公司投入开发的成本高。而且森林保险的宣传、承保、签约、定损、理赔等工作难度大，使得开展森林保险的费用远高于其他险种。从投保人层面分析，承受能力很弱。一是林区经济不发达，制约了保险的需求。近几年来，林业经营者收入水平虽有较大幅度的增长，但相对于其他部门职工收入来说，仍处于较低水平。林区不少职工还处于解决温饱问题的阶段，保险的需求还没有上升到十分必要的层次。另外，国有林区森林资源出现危机，经济危困，不少企业有欠发职工工资的现象。企业对投保缺少积极性，这是森林保险展业难、收费难的重要原因。二是林业职工市场意识缺乏。林业生产正处于从传统林业向市场化转变的过程中，职工市场意识不强，对森林保险的必要性、迫切性认识不足，依然保留着旧的、传统的思想观念和侥幸心理。保险意识差，许多林业经营者对保险这一概念不理解，更没有长远的风险预防观念。因此，客观上形成不愿投保的心理。对于林业经营者来说，把森林作为标的参加保险，无疑又增加了经营林木的成本。更有人认为搞保险加大了群众的负担，因而拒绝参加。认识上的障碍势必制约森林保险事业的进一步发展。三是险种单一，不能满足林业经营者的需求。森林保险和农业保险同属于政策性保险，所不同的是森林保险险种单一，只有单一火灾基本险一种，远不能满足林区多种自然灾害的要求。同农业险种已达 100 多个相比差距很大，目前还有很多险种没有开办，如森林病虫害险，林区多种经营生产中的各类保险。从法律层面分析，森林保险法律法规缺位。虽然国家以法律的形式规定了对农业保险的支持，同时将农业保险从商业保险中分离出来。但是，至今有关农业保险的相关法律法规仍未出台。我国目前还没有规范的农业保险法规，森林保险的性质得不到界定。森林保险的组织体系、经营范围、基金管理、费率制度、赔付标准等也缺乏法律规范。由于缺乏森林保险的相应法规，在实际操作中，缺乏操作依据。在实际工作中，林险经营机构的行为往往表现出随意性和盲目性。从体制层面分析，现行保险体制不适应森林保险发展的需要。由于林业在国民经济中的重要地位，森林产品具有外部效应，因此森林保险具有明显的公益性，属于政策性保险的范畴。而在金融体制改革后，中国人民保险公司要向商业金融机构转变，无论是原中国人民保险公司还是现在的中保财产保险公司，其主体机制都是商业性的，这种商业性的保险公司除了向社会提供保险服务之外，主要经营目标是追求企业利润最大化，而林险服务林业、保护林业和保木经营的政策性目标是与商业性保险公司的本质要求相悖的。因此森林保险在商业保险公司中不可能找到自己的发展位置和业务空间，也就不可能发展。政策性林险被长期禁锢在商业性保险公司的体制中，这是阻碍森林保险发展的根本原因。从政策层面分析，国家政策对森林保险支持力度远远不够。森林保险离不开政府的扶持。从总体上看，森林保险的经营是亏损的，但并不排除个别年份有盈余。国家在政策上对森林保险也缺乏应有的扶持，至今政府也没有制定出完整的鼓励农业保险的措施，虽然国家免除营业税，然而有节余的年份仍要上缴所得税，在税收政策上体现不出商业性保险与政策性保险的区别，对林险的扶持力度不够。地方政府常把商业保险公司开办的林险业务看作是保险公司自己的事，盈亏与其无关，因此对林险的政策支持力度不强。面对亏多挣少的森林保险业务，大大挫伤了商业保险公司的热情。

2. 改革我国森林保险的对策

要通过森林保险立法，明确森林保险由政府支持的政策性，并以法律形式规范森林保险的经营主体、参与主体、受益主体的权利和义务关系。从我国林业发展的实际出发，科学界定森林保险的业务范围、操作办法、机构建制、资金投入、保障水平和管理规则等。

改革现行的森林保险在商业保险公司中经办的体制，依法设立专业化的中国农业保险（有限）公司。建立和完善适合中国国情的森林保险组织体系。首先，根据我国林业生产幅员辽阔，各地发展不平衡及森林保险自身的特点，在我国应建立以合作保险为主体的森林保险组织体系。其次，应适时组建政策性林业保险公司，来专门经办森林保险，按照政府制定的林业发展目标，有步骤地制定和实施国家的森林保险计划。由此使森林保险彻底与商业保险分开经营，摆脱商业保险公司制度对森林保险的限制，同时也使商业保险公司得以全面商业化经营。

国家应对森林保险实行倾斜政策。中国作为一个发展中国家，对政策性的森林保险业务靠政府在财力上的支持是有限的，但在政策上的倾斜是现实的。政府对森林保险的扶持，应充分利用政策手段制定优惠、灵活的扶持政策，扶持森林保险的发展。

如近期内可采取免征森林保险业务的一切税费，加大保险组织自身的积累功能；放松放宽并且积极引导森林保险组织资金的运用，增强其资金的增值功能；在再保险方面提供优惠等措施。

进一步完善森林保险机制。首先，单一火灾险种已经不能适应对森林培育生产过程多种性质不同风险防范的需要，除火灾险外，还应考虑设置其他意外自然灾害险种和人为意外损失险种等，为森林资源培育过程的连续性提供资金保证。第二，在保期确定上，充分考虑北方林业的季节变化，应积极探索由年保变为季保的做法，这样既客观实际，降低了保险费用，又防范了风险。第三，在保险费率和赔偿标准确定中，应充分考虑不同地区、不同林种、树种、林龄的差异性。既保证在林业生产者合理负担范围之内，又能保证保险机构的偿付能力。第四，通过不同保险组织形式的安排，调动保险人与被保险人双方的积极性，发展森林保险业。可以采取保险公司主办，林业部门投保；林业、保险两部门共保，责任和利益共同分担等多种形式，以促进森林保险业在我国的迅速发展。

9　国有林权改革的市场保障体系

9.1　国有林权改革的市场供求分析

林地流转的行为主体和市场主体是林地承包者，林地流转的实现与否取决于林地承包者的理性决策，他们根据收益最大化原则决定是否转入（需求）与转出（供给）林地。林地供求的影响因素包括林地转入与转出价格、林地产品价格、非生产性收益、生产性成本、非生产性成本、林地使用成本、林地交易成本、现有林地规模等。

9.1.1　影响国有林权改革需求的因素

转入林地的收益性。转入林地的收益性是指产生林地需求的基本条件是转入林地收益必须大于承包成本和经营成本，如果无利可图，就不会有人转入林地。单纯从成本收益分析，只要收益大于成本，就会存在转入林地的需求。

这里所说的转入林地收益指的是经营林地的生产性收益，提高林地生产性收益的办法就是提高林地生产率。林地生产性收益可以分为林上收益、林木收益和林下收益。由于林业生产的特殊性，目前的生产水平不能在短时间内提高林木和林上的生产效率。只能通过提高林下作物的生产率来提高生产性收益。提高林下作物的生产率可以通过改善种植结构，经营高附加值的经济作物来实现。

收益的有效性。这里的有效性指的是林地经营收益对林地转入方的效用，或者称之为重要性，这里要考虑经营林地的机会成本和林地承包者的总收入水平。转入林地收益的效用对转入方来说是动态的，随着收入水平的提高，林地经营收益的重要性降低，也就是收入效应下降。在没有更好的投资机会时，经营林地（虽然林地本身的比较效益并不高）是林地承包者的惟一选择，同时林地承包者收入较低（如林场长期拖欠职工工资用林地承包的方式解决），经营林地获得的收益对他们来说很重要，所以效用很大，承包林地的意愿较强；随着林地承包者收入水平的提高，经营林地所获收益的收入效用变小，但林地流转的价格效用变大，承包林地参与流转的意愿变得更加强烈；随着更多承包者的介入，可承包林地的数量逐渐减少，资源的稀缺性发挥作用，承包林地的需求会更加强烈。

根据收益的有效性分析，林地转入需求从底部不断上升，且具有刚性。如图 9－1。

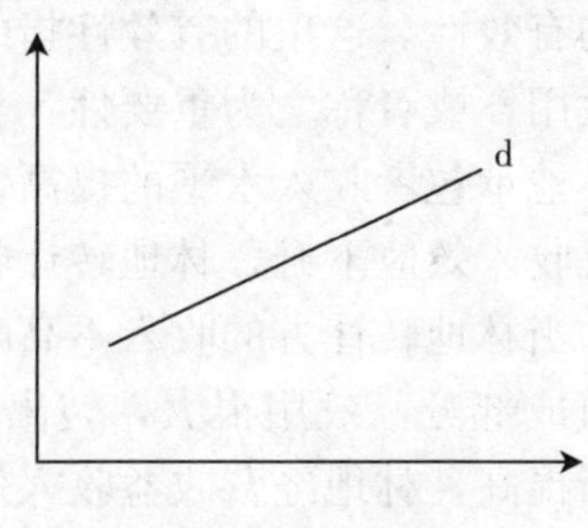

图 9－1 需求曲线

9.1.2 影响国有林权改革供给的因素

供给的可能性。政府是林地流转的惟一供给方，经过产权改革，政府将可用于流转的林地进行拍卖，流转到承包者手中。由于林地的稀缺性和林业对于生态环境的重要性，使得政府不可能拿出更多的林地来进行流转。因此，进行林地的第二次流转是林地流转得主要形式，即在承包者当中进行流转。就目前林地流转的情况来看，承包者不依靠林地生活的地方，林地流转得就越多；林业产值占总产值比重越低的地方，林地流转得越多。

供给的收益性。承包者转出林地的收益必须大于成本。成本包括承担的承包费用（与承包土地相关的费税）和林地转出的交易费用，收益指林地转出得到的转让费或称之为租金。这里的交易费用同需求方是相同的，转让费相当于需求方的林地使用成本。这里只需再研究承包费用。林地的承包费用是承包者获得林地承包权所承担的责任和义务，主要是相关税和其他按承包林地分摊的收费。承包费用降低了林地供给方的收益，同时提高了需求方的成本，从供给和需求两个方面制约着林地流转。政府应该出台相关政策以降低相关税费促进林地的顺利流转。

林地转让收益的有效性。这里的有效性指的也是林地转让收益对转出林地者的效用，或者称之为重要性，与林地承包者的收入水平相关。随着林地承包者收入水平的提高，林地转出收益的重要性增加，也就是收入效应下升，林地转让收益的效用对转让方来说也是动态的。当林地转让方的收入不高时，林地经营收益是他们收入的重要组成部分，效用很大，转出林地的意愿较弱；随着他们收入的不断提高，林地经营收益收入效应开始下降，与承包者总收入相比显得无关紧要，这时林地承包者可能对经营林地缺乏兴趣，转出林地的意愿开始上升；随着林地不断集中到少数人手中，形成垄断时，林地的经营收益效用提高，收入效应增大，转出林地意愿又变弱，林地经营会达到相对稳定的均衡状态。

同与需求不同的是，林地供给是经过低→高→低的波浪形态，最后达到均衡。

从供给与需求曲线可以看出，为了保障林地流转市场正常运作，就要使供给与需求处在 S_1 与 S_2 之间。

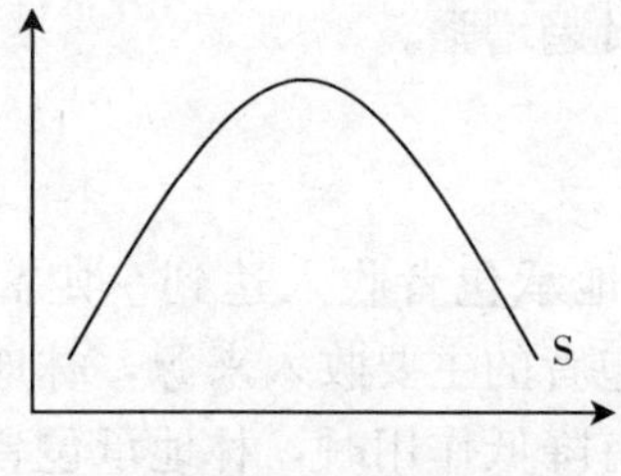

图 9-2 供给曲线

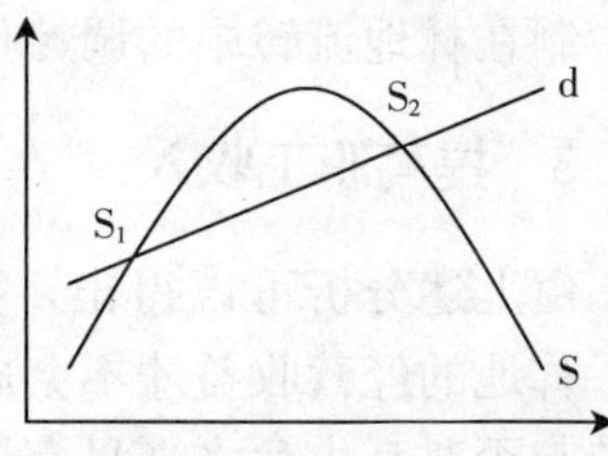

图 9-3 供给与需求曲线

9.2 关于国有林权改革市场保障体系建立的几点建议

经过对林地流转的供求分析，可以看出一直存在着较高的林地需求，但林地供给却存在着波浪形态。为了保证林地流转的实现，就要将林地的供给控制在高的状态下。

9.2.1 林地规划制度的建立

在市场经济条件下，市场机制是林地资源配置和林地资产流动的主要方式，但林地供应计划与林地规划是保证林地总供给和总需求基本平衡、明确规定土地用途、确保林地利用结构合理的关键手段，而林地供求总量的确定和某地块林地用途的规定直接影响林地交易价格，实际上是一种利益调整手段。

9.2.2 林地税制的建立

林地税制在林地流转市场建设中具有多种功能和用途，政府通过税收可以获得财政收入实现其产权，以及对林地产权关系加以确定。这里所谓的林地税制的建设和运用，是指对林地流转进行宏观上的调控，主要采取差别税率政策，根据不同地区的不同情况及制订基本税率，然后按其经营规模的情况加税或减税，以控制林地流转的方向和数量。随着林地流转市场的日益完善，林地税制在林地流转中的调控作用会日趋增强。

9.2.3 提高职工收入

由上述分析可以得出，只有林地承包者收入达到一定高度时，林地的经营收益才不会成为承包者的主要收入来源，林地的流转与否对其生活水平只有提高没有降低作用时，林地承包者才会考虑将林地转出。而林地的承包者多是林场职工，收入偏低，林权改革的目的也是为了提高职工收入。因此，多渠道、多手段提高林场职工的收入是实现林地流转的重要保证。同时为职工安排好林地出让后的出路，保证职工在出让林地后有很好的安排。

9.2.4 防止出现垄断

从林地的供给分析可以看出，当林地集中到少数人手中时，垄断出现，这时林地的转出意愿会下降，供给减少。这就要求一方面要限制企业进行大规模的收购，另一方面限制个人流转林地的数量，限制关联交易。

9.2.5 延长林地使用权的长度

加强对林地使用权的保护。一方面，进一步延长林地承包年限，不仅 30 年不变，30 年以后也不要变，变 30 年承包权为“永包权”，增强地权稳定性，改善林地承包者的经营预期；另一方面，切实加强对林地使用权的保护，在使用权的权能范围内，保证承包者的自由决策权，其他单位和个人不得干预，尤其要规范地方政府和基层组织的行为。

10 结　论

本研究综合运用国有资产管理理论、现代产权理论、生态经济学与可持续发展理论的最新研究成果，结合当前国有林区经济与社会发展的现状，重点研究了市场调节为主、多元产权主体并存的国有林业新型产权制度，提出了国有林业产权制度改革的新理论，设计了国有林业产权制度的新模式，测算了国有林权制度改革的成本与效益，分析了改革所涉及的诸如林区政府、国有森工企业、民营经济、外资经济、社会保障体系建设等外部环境，并依据伊春改革的实践对国有林业产权制度改革的绩效作了评估。本书得出如下结论和研究成果：

（1）建立了林业价值分类经营理论。本研究超越了实物经营的传统，确定了价值本位的林业价值分类经营理论，就是将林业的经济价值、生态价值和社会价值作为经营对象，根据林业资源内在的经济价值、生态价值以及社会价值的内涵，明晰价值之间的差异性，把握价值的特殊性，有针对性地确定不同的价值经营主体，遵循不同的价值经营规律，实施分类经营，分类管理。

（2）建立了林业价值主体分置理论。在理论分析和实践论证的基础上，提出了国有林存在产权主体缺位的问题，即事实上属于无人负责的无主林业，而为国有林业找到真正的主人才是实现国有林业可持续发展的根本出路。通过对林业生态价值和经济价值进行清晰界定，明确指出生态价值的基本主体只能是国家，经济价值的基本主体只能是企业和个人。国有林业必须实行价值主体分置，把生态价值交给政府，把经济价值交给企业和个人，国家应最终放弃对经济价值的追求而始终致力于生态经营，把生态价值的发展与扩大视为自己的最高目标。惟有如此，才能实现林业的生态价值和经济价值的相得益彰，实现林业的快发展，大发展。

（3）提出“远封近分、三林流转、大力发展民有林”的国有林业产权改革模式。在不改变林地用途和所有权，不削弱森林、林地现有生态功能，总体上保持森工国有主体不变的基础上，适度引入民营机制和民间资本，对国有森工企业无力造林和不好管、管不好的林地的使用权及森林、林木所有权、经营权实行有偿流转，大力发展民有林和国有民营林，通过林地、林木资源经营的民有化，有效激活民间资本，激发群众育林护林的积极性，促进林业建设投入的多元化、社会化，推动森林资源与生态环境的加快恢复和林区经济走上资源节约型、环境友好型发展的快车道。

（4）从政府、法律以及市场体系等三个方面提出国有林权制度改革保障体系，指出应加快推进政府治理模式由管制型向服务型转变，进一步转变政府职能。重点理顺政府与企业、市场和社会的关系，加快政企分开、政事分开、政社分开步伐，逐步实行执法下移，赋予县区政府更多的职责。完善现有的森林资源产权法规；建立森林生态补偿制度；确定明晰的森林资源产权关系；明确和保证森林资源产权人的权利；填补改革引起的法律空白。

理论来源于实践，并指导实践。国有林权制度改革的实践将是一个长期的不断求索、不断求证、不断走向成功的过程，国有林权制度改革的理论同样是一个不断积累、不断总结、不断创新、不断走向成熟的过程。在今后本领域的研究中，结合改革实践的困惑与破冰之需，作者将试图在以下三个方面作进一步的探讨：①国有林业产权流转问题。这是林业承包者实现其经济利益的重要保障，也是保证林业生态价值与经济价值同步增值的重要前提。②国有林业的资金投入问题。这是确保国有林权制度改革成功、国有林业实现大发展的重要物质条件。③国有林权制度改革的相关法律问题。这是国有林业承包者利益得以保障、国有林权改革成果得以维护的重要条件。

在研究当中，存在着很多难点，例如基于我国实际情况，国外的林业产权理论基础并不能完全适用。资料搜集具有一定的困难，而且在国有林权改革保障体系设计上，涉及许多体制性障碍，需要有所突破改革，加上时间和作者自身的能力的限制，对本课题的研究还具有一定的局限性，还需要在今后的学习中不断的深入和完善。

国有林权改革才刚刚起步，是一个非常复杂的系统工程，在现实的运行中还会遇到更多的问题，需要进一步完善，这些还有待于今后更深入地研究。

附件1 黑龙江省伊春林权制度改革试点实施方案

为探索国有森林资源资产经营管理的有效实现形式，推进国有林区经济社会可持续发展，根据国务院第119次常务会议要求，结合伊春国有林区实际，特制定本方案。

一、林权制度改革试点的指导思想、主要目标和基本原则

（一）指导思想。以邓小平理论和“三个代表”重要思想为指导，树立和落实科学发展观，按照《森林法》和《中共中央国务院关于加快林业发展的决定》（中发［2003］9号，以下简称《决定》）确定的有关原则和精神，以实现森林可持续经营和国有林区的可持续发展为目标，以保护和培育国有森林资源、增加职工收入为出发点，调动林区广大人民群众的积极性，促进林业资源的优化配置和各种生产要素向林业的有序流动，维护产权主体的合法权益，建立与社会主义市场经济体制相适应的新型林业管理体制和经营机制，为建设社会主义新林区奠定坚实的基础。

（二）主要目标。通过国有林区林权制度改革试点，改变国有森林资源国有国营的单一模式，推进森林资源经营机制转换，建立森林资源统分结合的经营管理新机制，以林权制度改革为带动，推进国有林区的全面改革。

（三）基本原则。坚持生态效益优先，正确处理保护森林资源与发展林区经济关系，积极引导承包经营者依法科学经营森

林，不断提高林地生产力，实现永续利用，最大限度发挥森林的生态效益、经济效益和社会效益；坚持以改革促发展，实行所有权与经营权分离，统分结合、产权明晰；坚持公开、公平、公正，责权利相统一，赋予试点林业局林业职工平等的权利；坚持积极稳妥推进，正确处理改革、发展、稳定的关系，妥善解决林权制度改革试点中遇到的问题，确保林区社会稳定；坚持林地所有权和用途不变，承包经营的国有林地只能用于森林的培育和经营，不能改作他用；坚持国有森林资源依法有偿使用，确保森林资源资产保值增值；坚持林地承包经营收益收支两条线管理，取之于林、用之于林。

二、林权制度改革试点的主要内容、任务、范围及实施方式

（一）主要内容。对浅山区林农交错、相对分散、零星分布、易于分户经营的部分国有商品林，由林业职工家庭承包经营；对大面积、集中连片的公益林和商品林，由伊春林业管理局依法加强经营管理。

（二）试点范围。伊春林区具有代表性的5个国有林业局中的15个林场（所），试点规模仅限于商品林地，面积为8万公顷，公益林地不纳入试点范围；承包经营林地的对象是试点林业局的林业在册职工，伊春林业管理局及试点林业局机关干部和离退休职工，暂不参加林地的承包经营。

（三）实施方式。按一沟一系一坡的自然界限，并结合森林经营区划，按每户5～10公顷的规模，实行林地承包经营。林地承包经营期限50年。

（四）主要任务。建立国有森林资源资产评估体系和管理办法；建立国有森林资源承包经营的新机制；建立国有森林资源经营管理的新模式；积极发展社会中介组织，完善社会服务体系。

三、建立国有森林资源承包经营的资产评估体系和管理办法

（一）区划界定森林资源。规范森林资源区划方法，统一森林分类的原则标准，由具备甲级林业调查设计规划资质的单位完成对拟承包经营地块的森林资源状况的二类调查；在此基础上对森林资源区划界定，标注区划界线，转、交点处设置永久标桩，标明地理坐标；对林地划等定级，并组织专业人员进行现场认定。对拟承包经营的林地按林班、小班定位上图、建档立册。

（二）做好森林资源资产评估工作。按照国家林业局会同有关部门制定的《伊春林权制度改革试点森林资源资产评估管理办法》，由具有森林资源资产评估资质的评估机构，根据森林资源区划界定的结果，做好拟承包地块的森林资源资产评估工作，并出具评估报告，评估报告经省森工总局审核后，报国家林业局备案。评估结果有效期为一年，超出时效重新评估。

（三）组织职工进行林地承包经营。国有林地的承包经营必须在评估后进行，在评估的基础上，试点林业局公布拟承包林地状况及承包基准价格；由拟参加承包经营的职工向试点林业局提出书面申请，试点林业局对其进行身份确认后，报送伊春林业管理局森林资源管理部门核准。试点林业局通过拍卖、招标、协议等方式确定承包经营人，并将承包结果进行公示。公示 15 日无异议后，由伊春林业管理局作为发包方与承包人签订林地承包经营合同。

（四）明确承包经营费用缴纳方式。为使这项改革试点惠及林场职工，采取灵活的缴费方式。有支付能力的职工可一次性付款，并享受适当的优惠；暂时支付有困难的职工可分期付款，或待有承包收益时延期付款。另外，也可采取银行贷款及用拖欠工资抵顶等方式缴纳承包经营费用，并在承包经营合同中予以明确。

（五）严格管理使用林地承包收益。按照国家林业局会同有关部门制定的《伊春林权制度改革试点森林资源资产收益管理办

法》做好林地承包经营收益的使用和管理工作。试点期间，国有林地承包经营所取得的收益，上缴财政，纳入预算管理，全额返还试点林业局，主要用于支付拖欠承包经营职工的工资、承包期间职工养老保险、森林资源经营管理和国有林区基础设施建设等。

（六）做好承包经营纠纷的调处工作。在试点期间，由试点局和伊春林业管理局负责调处承包经营纠纷。

四、建立国有森林资源承包经营的新机制

（一）明晰承包职工经营权。承包职工依照合同约定享有森林、林木所有权和林地使用权，依法经营利用林木、林下植物资源。在森林经营方案的指导下，自主确定承包经营林地的经营方式与方法，自由参与市场竞争。承包职工对其正常生产经营活动及获得的收益享有行政或司法保护的权利。承包方转包所承包的林地，必须经原发包方书面同意。

（二）落实承包职工的责任。在承包经营期内，根据合同约定，承包职工必须保证林地不逆转、不变成非林地；必须及时更新荒山、荒地和采伐迹地；必须做好森林防火、森林病虫害防治工作；必须在取得经济效益的同时，兼顾森林的生态效益。除试点林业局负担森林防火和病虫害防治基础设施建设及按规定由国家承担的费用外，其他费用由承包经营职工承担。

（三）切实减轻税费负担。要按照国务院关于国有农场税费改革的部署和相关政策，做好与国有农场税费改革的衔接，进一步减轻国有林场职工的税费负担。对现行的林业税费进行认真清理，合理的要保留，不合理的坚决取消。同时，依法制止和严肃查处乱收费、乱摊派等损害职工利益的行为。

（四）引导培育和合理利用森林资源。选择自然条件优越、立地条件好的地区，引导承包职工开展速生丰产林基地建设，试点林业局帮助做好总体规划和作业设计以及良种壮苗的选育等工作。加大森林景观及中草药、山野菜、食用菌等林下资源的开发

力度，引导承包职工发展生态旅游、森林食品、森林药品等非林非木产业。

（五）做好承包经营的服务和指导。试点林业局建立集法律服务、政策咨询、森林经营、病虫害防治等内容于一体的服务中心。指导承包职工做好森林经营方案、协调林业贷款等服务。统筹做好林区道路等基础设施建设、统一指导承包职工做好森林防火等资源保护工作，为承包职工开展林业生产经营活动创造条件。引导发展家庭林场、股份制林场，组织公司＋职工＋基地的经营形式，支持职工以林地使用权、林木资源和劳力入股参与合作经营。

五、建立国有森林资源经营管理的新模式

（一）理顺森林资源管理体制。按照《决定》要求，逐步把试点林业局的森林资源管理职能剥离出来，实行政企分开，建立责权利相统一，管资源和管人、管事相结合的森林资源管理体制。

（二）放活商品林经营。在符合林业总体规划的前提下，充分尊重经营者的意愿，允许其自主选择经营方式。人工商品林特别是速生丰产林和短周期工业原料林的采伐年龄由经营者自行确定。承包经营者的采伐指标，纳入试点林业局的限额管理。需要对承包经营的森林、林木进行采伐更新时，由承包职工申报，试点林业局审核，报伊春林业管理局审批。

（三）完善森林资源保护管理措施。进一步完善省内各级人民政府林业建设任期目标管理责任制，严格兑现奖惩。加大森林资源的监管力度，健全森林资源保护管理体系，采取最严厉的措施，坚决杜绝借改革之机乱侵滥占林地、乱砍滥伐林木的现象发生。

六、发展社会中介组织，完善社会服务体系

（一）推进建立各类经济合作组织。运用市场机制，引导职工自发成立各类经济合作组织。充分发挥经济合作组织的作用，为承包职工提供各类生产服务，不断提高经营水平。逐步推行统

一品牌、统一质量标准，共同策划市场营销，提高职工抵御市场风险的能力。

（二）完善各类中介服务。引导建立森林资源资产评估机构，积极做好承包职工参与合作经营的森林资源资产评估；指导建立信息网络平台，拓宽信息渠道，为职工提供信息服务；逐步建立活立木交易市场，促进森林资源资产的合理流转。

（三）成立职工森林资源联防组织。把分散的承包经营职工组织起来，成立职工自律的联防合作组织，实行互助联防，加强巡山护林，防止盗砍滥伐森林，预防和扑救森林火灾，防止病虫害的蔓延。

七、试点效益分析

（一）经济效益。一是林地承包收益，林地承包使用费平均为 60 元/公顷・年，5 个试点林业局每年收取林地承包经营费 480 万元。试点期间（按 2 年计），林地承包总收益为 960 万元。二是林木资产收益，试点面积 8 万公顷，其中有林地约占 50%，疏灌林地、宜林荒山荒地、火烧迹地、退耕还林地约占 50%，林木平均估价为 3 400.00 元/公顷，估算林木资产总收入为 2.72 亿元。以上两项合计，总收益为 2.82 亿元。林地承包前期工作费，包括管理费、调查区划费、林木资产评估费等，总计 1 659.6万元。5 个试点林业局的 15 个试点林场（所）历史欠账共 5 183.3 万元，其中：拖欠职工工资 1 498.2 万元、拖欠养老、医疗、失业、工商等各项社会保障费用 1 566.6 万元、拖欠养老金 2 118.5 万元。林地承包与林木资产收益扣除前期工作经费和解决拖欠后可节余 2 亿多元。节余的这部分资金，严格按《伊春林权制度改革试点森林资源资产受益管理办法》进行使用管理。

（二）社会效益。一是可安置职工就业，提高职工收入。自 20 世纪 90 年代初，森工企业陷入森林资源危困和经济危机，2005 年职工平均月收入仅为 310 元。近年来，随着木材产量进一步调减，森工企业富余职工和需就业的人员增多。安排8万公顷林地给职工承包经营，可直接安置8 000～10 000名职工，同时，一人承包、全家就业，通过经营林木，开发林下资源、发展家庭经济，不断提高收入，缩小与城镇居民的收入差距，促进社会稳定。二是推动林业相关产业的发展。由于经营主体的改变，使承包职工敢于投入、强化管理，大大提高林地生产力，从而带动林产工业、森林旅游等二、三产业的发展，以及非公有制林业的发展。

（三）生态效益。林地承包到户以后，将极大地激发职工造林营林的积极性，造林速度加快，森林数量增加，林分质量明显改善，培育健康的森林生态系统，生态效益得到更好地发挥。虽然这次试点中，林地承包经营面积只占伊春林区林地总面积的2.6%，但是对这小部分林地实行承包经营，可以在一定程度上减轻大面积森林资源消耗的压力，使其得到进一步的休养生息。

八、风险分析

（一）自然风险。主要来源于火灾、风灾、雪灾、旱灾、涝灾、病虫鼠害等自然灾害造成森林质量、蓄积量下降，甚至发生林地逆转，覆被率降低。五个试点林业局近20年无森林火灾，火险等级相对较低。伊春林区为针阔叶混交林，自然抵御病虫鼠害能力较强，自建国以来，从未发生过大规模病虫鼠害，历史上发生风灾、雪灾、旱灾、涝灾等自然灾害的概率也比较低，伊春林区专业防火、防森林病虫鼠害队伍比较健全。同时，金融部门还专为承包经营者设立了火灾成本保险，可以使自然灾害给林地承包经营者带来的损失降低到最低点。

（二）社会风险。盗砍滥伐、超限额采伐、毁林开荒、蚕食林地等破坏森林资源的行为，有可能在局部地方和少数承包经营者身上出现。林地承包经营后，承包经营者必须履行承包合同约定，遵循国家林业政策法规进行生产经营活动，否则必将受到法律的追究。同时，作为林木资产的所有者，有权有责，连利连心，从维护自身利益出发，他们也必将加大对森林资源的管护力度。政府林业主管部门仍将履行对森林资源的监督管理职能，通过组织专业队伍、成立承包经营者森林资源联防队等，加强保护，使破坏森林资源的现象大幅度降低。此外，还将组织承包者成立林业生产、加工、销售等各类经济合作组织，引导他们掌握市场行情，培育、生产适销对路林木产品，有效规避市场风险。

（三）政策风险。有可能出现的问题是，国有森林资源资产的流失，出现“一卖了之”。在林地承包经营过程中，要求试点单位必须按着规定，严格履行森林资源资产评估程序，合理确定林地承包价格及林木（及林下资源）基准价格，有效避免国有森林资源资产处分收益的流失。同时，依据《伊春林权制度改革试点森林资源资产收益管理办法》，严格执行资金管理收支两条线的规定，将财政监管贯穿林权制度改革的每一个环节，有效防范和杜绝财务风险。

九、试点时间安排

（一）准备阶段（2006年2—5月）。2006年5月底之前，按程序完成试点方案、实施细则和配套管理办法的拟定、审批工作；完成对拟承包经营地块的区划界定和森林资源调查建档等准备工作。

（二）启动实施阶段（2006年6月至2007年6月）。试点方案经国务院批准后，精心组织、周密安排，落实试点各项任务，及时解决试点中出现的问题。

（三）总结完善阶段（2007年7—12月）。根据试点目标要求、主要内容和任务；深入研究试点工作的示范性和推广的可操作性，完成试点工作总结报告；积极协调国家林业局等有关部门，组织做好试点工作成效的总体评价，并将有关情况上报国务院。

十、试点的保障措施

（一）广泛宣传，提高认识。通过广播、电视、报纸等新闻媒体，大力宣传林权制度改革的重要意义及法律法规和相关政策，使林区职工群众充分认识到这项工作是关系林区生态建设和生态安全的一件大事，是提高森林可持续经营能力、加快森林资源培育进程的战略举措，是林区实施可持续发展战略、全面建设小康社会的重要途径，为积极稳妥地推进改革创造良好的氛围。

（二）配套改革，整体推进。结合社会主义新农村建设和振兴东北老工业基地，加强对国有森工企业的政策扶持，把林权制度改革与资源型城市经济转型试点、重点国有林区的经济和管理体制改革以及天然林保护工程实施有机结合。积极协调国务院有关部门，做好与天保工程现行政策的衔接工作，研究落实调减木材产量后的配套措施和林区产业调整及林区社会建设等问题。

（三）理顺体制，明确职能。加强对国有林区的领导，在试点林业局积极探索实行政企分开、政社分开、企资分开，明确落实林区政府的管理职能。

（四）规范管理，完善制度。积极协调国务院有关部门，依法开展对承包经营森林、林木的权属认定和权属凭证核发工作，切实保障国有森林资源资产安全，逐步建立非公有林业经营管理的配套管理制度、非公有林业发展基金和社会保障制度，切实解决承包经营者培育森林资源和发展林业生产的后顾之忧。

（五）加强领导，认真监管。切实加强对改革试点工作的组织领导和监督管理。省政府成立由主管副省长为组长，国家林业局驻省森林资源监督办事处、省直有关部门和伊春林管局为成员单位的伊春林权制度改革试点工作领导小组，主要负责组织试点的实施，推进配套改革，维护林区稳定，完善和落实涉及职工切身利益的各项政策措施。伊春及各试点林业局也要成立相应的组织领导机构，加强对试点工作的组织实施，确保试点工作平稳有序进行。

附件2　黑龙江省伊春林权制度改革试点实施细则

第一章　总　　则

第一条　为了规范林权制度改革试点工作的运作程序和操作行为，保障所有者、经营者的合法权益，保证林权制度改革试点工作有序运作、顺利实施，依据《中华人民共和国森林法》等有关法律法规和《中共中央、国务院关丁加快林业发展的决定》（中发［2003］9号）及《黑龙江省伊春林权制度改革试点实施方案》，制定本细则。

第二条　本细则所涉及的林权制度改革主要是指在不改变林地国有性质和用途的前提下，将试点单位试点规模内的国有森林、林地由试点单位林业职工承包经营（以下简称林地承包经营）。

第三条　林地承包经营必须依法进行，公开运作，遵循市场经济规律，尊重承包双方当事人的意愿，公开森林资源信息、程序、方案及结果，赋予所有者和经营者平等的权利，按照法定条件和程序组织实施。

第四条　林地承包经营权人必须是试点单位的林业在册职工。林地承包经营期限最长不超过50年。

第二章　试点范围

第五条　试点单位为：双丰林业局的福民、茂林、曙光林场，铁力林业局的九连、卫星、茂林河林场，桃山林业局的跃进、神树、上呼兰林场、翠峦林业局北山、么河、翠峦河林场和乌马河林业局伊东、伊林林场、乌马河经营所，试点范围限定在试点单位的商品林地范围内，试点期间，允许承包经营的商品林地面积不得超过 8 万公顷（占东北内蒙古国有林区林地面积的 0.28%，占商品林面积的 0.42%，占伊春林区林地总面积的 2.6%，占商品林总面积的 9.3%，占 5 个试点局面积的 10%，占商品林面积的 21%）。

第六条 下列森林、林木和林地不得进行林地承包经营：

（一）森林、林木和林地权属不清或存在争议的。

（二）没有依法经过林权登记取得林权证的。

（三）属于国防林、名胜古迹、革命纪念地和自然保护区的。

（四）特种用途林中的母树林、试验林、采穗圃、测定林、收集区和种子园。

（五）其他禁止承包经营的。

第三章 试点模式与程序

第七条 由伊春林业管理局委托试点单位（林业局）与林业职工签订书面承包合同明确双方的权利义务，对林地使用权和林木所有权归属，流转收益分配以及合同期满后尚未采伐的林木处置等事宜在合同中予以明确约定。

第八条 为保证承包过程的公开、透明和公正，林地承包经营可分别采取拍卖、招标、协议等方式进行。

第九条 林地承包经营按以下程序和主要环节进行：

（一）查清资源底数。不超过一个经理期（10 年）的森林资源规划设计调查（二类调查）成果资料，可根据台账修正调查成果；超过一个经理期的，必须严格按照国家林业局颁发的《森林资源规划设计调查主要技术规定》（林资发［2003］6 号），对其进行一次全面的二类调查，摸清资源底数。该调查成果形成后，由黑龙江省森林资源管理局审批，并报国家林业局备案。

（二）区划调查。拟承包经营地块的现地区划调查工作，由试点单位的林权制度改革试点工作领导小组（办公室）组织进行，由具备丁级以上林业调查设计规划资质的部门完成。区划以自然区划为主，但应充分考虑小班交通条件的相对独立。区划界线要挂号、实测，转、交点处设置永久标桩，标明区划名称、地理坐标，测线闭合差应小于1/150，小班面积精度应达到98%以上。区划图例应统一样式，平面图比例尺为1∶5 000、位置图比例尺为1∶25 000。

（三）编制经营方案。承担调查设计单位要以10年为一个经营周期，对每个调查区划小班编制科学合理、操作性和指导性强的森林经营方案。

（四）公开信息。当地林权制度改革试点工作领导小组（办公室）将区划完毕的森林资源信息张榜公告。

（五）提出申请。参加承包经营的职工向当地林权制度改革试点工作领导小组（办公室）提出书面申请，领取申请表，经确认其身份后，报送伊春林权制度改革试点工作领导小组办公室核准。

（六）签署意向协议。通过身份认定后的申请人与试点单位（林业局）签署林地承包经营意向协议，确认拟承包经营地块，报送伊春林权制度改革试点工作领导小组办公室申请评估立项。

（七）资产评估。森林资源资产评估必须由具有资质的资产评估机构，按照国家林业局、财政部制定的《森林资源资产评估暂行办法》进行评估，出具评估报告。评估报告由黑龙江省森林工业总局核准。评估结果的有效期为1年，超出时效应重新评估。

（八）竞价招标和协议商定。试点单位林权制度改革试点工作领导小组（办公室）根据国家有关规定对已经过资产评估的地块通过拍卖、招标、协议等方式确定最终承包人。竞价招标和协议商定全过程由伊春林权制度改革试点工作领导小组监督。

（九）核查审批。当地林权制度改革试点工作领导小组（办公室）将最终受让人书面申请、个人基本情况表、承包经营林地位置图、承包经营林地现状调查表及其他有关材料核准后报伊春林权制度改革试点工作领导小组办公室审核，由伊春林业管理局根据省森林工业总局核准的资产评估报告进行审批。

（十）公示。伊春林业管理局批准后的承包人、承包经营地块情况要在伊春林业管理局、试点林业局流转服务中心、试点林场（所）以及报纸、电视等新闻媒体公示 15 天。

（十一）签订合同。张榜公布无争议的承包人、承包地块，由试点单位与承包人签订林地承包经营合同。

（十二）确权发证。由承包人向试点林业局森林资源管理部门提出申请；伊春林业管理局森林资源主管部门提出初审意见；黑龙江省人民政府委托黑龙江省森林资源管理局，依据试点单位与承包人签订的林地承包经营合同，为承包人核发国有林地承包经营权证书。

（十三）建档备案。各试点单位要建立健全林地承包经营档案，报送伊春林业管理局森林资源主管部门建档备案，汇总后逐级上报备案。

第四章　管理措施

第十条　各试点单位要制定相应的工作方案和实施细则，该方案和细则必须经职工代表大会通过，经伊春林权制度改革试点工作领导小组（办公室）审定批准后，方可付诸实施。

第十一条　试点范围内林地和林木（每一宗承包地）必须依法进行森林资源资产评估；森林资源资产评估由国家林业局委托黑龙江省森林工业总局确定有资质的森林资源资产评估机构，按照国家林业局会同有关部门制定的《伊春林权制度改革试点森林资源资产评估管理办法》进行客观、准确的评估。

第十二条　林地承包经营必须坚持自愿、公开、公平原则，双方当事人必须签订书面合同，明确责任、权利和义务。

第十三条 试点单位可参照林地承包经营费收费标准（附后）确定本单位林地承包经营费标准。林地承包经营费按地位级和缴纳时限双向指标综合收取，可一次性付清，也可分期付款。地位级按照东北、内蒙古国有林区地位等级划分标准确定。

第十四条 林地承包人在经营期限内享有以下权利：

林地承包经营者依照合同约定享有森林、林木所有权和林地使用权，有权依法经营利用林木、林下植物资源。

在合同规定范围内有权自主确定承包经营林地的经营方式与方法。

有权从事林副、林药、林果、林蛙等种植、养殖、培植以及采集、加工、销售林副产品等多种经营活动，并可以依法继承。

有要求对其正常的生产经营活动及获得的收益进行行政或司法保护和对人为造成的经济损失依法索取赔偿的权利。

第十五条 林地承包人在经营期限内承担以下义务：

（一）遵守《中华人民共和国森林法》及相关的法律法规和规章规程，在不改变林地用途和不削弱森林生态系统整体功能的前提下，科学合理地经营利用森林资源。按照合同约定，依法保护生物多样性，确保林地及时有效更新，确保林分结构不断优化。需要改变合同约定用途的，应按合同约定条款办理相应手续。

（二）按期交纳林地承包经营费。

（三）林地承包人作为森林防火和乱砍滥伐等林政案件的第一责任人，应做好森林火灾、火险和滥伐、盗伐及森林病虫鼠害的防治工作，及时发现、报告火情、案情、疫情，积极参与扑救森林火灾。

（四）服从国家经济建设和生态建设需要，国家和地方因勘察、开采矿藏、修建交通、国防、水利、电力、通讯等工程设施及开发利用地下埋藏物须征占用林地时，林地承包人应服从国家利益需要（占用林地按国家有关规定执行，并依法给予林地承包者林木补偿费）。

（五）接受当地林业主管部门对其经营活动的监督。

第十六条 试点单位的权利和义务：

依据《中华人民共和国森林法》及其相关的林业法律、法规，试点单位有指导监督承包人的生产经营活动和纠正承包人违法违规经营行为，并追究违约责任的权利。

试点单位应承担试点范围内的林企公路养护、为承包人提供森林火灾和病虫鼠害的监测、预报服务以及林火扑救服务。建立林权制度改革服务中心，为承包人的合法经营活动提供林业科技服务和行政保障，组织承包人参加保险、司法公证。依法保护承包人合法权益，制止、打击各种有害于承包人的违法违规行为。

第十七条 因林地承包经营发生合同纠纷的，由试点林业局和伊春林业管理局负责调处。

第十八条 林地承包经营后的管理。

（一）建立健全林地承包经营档案。按林业局、林场、承包经营者分户建立林地承包经营资源档案，利用地理信息系统实行档案计算机管理，做到资源档案数据准确、项目齐全、变档及时，达到与国有林资源档案同步管理水平。

（二）加强承包经营林地内的林木采伐管理。承包经营后的林木采伐管理按照黑龙江省森林资源管理局制定的《黑龙江省伊春林权制度改革试点林木采伐管理办法》执行。

（三）加强流转收益管理。林地承包经营产生的流转收益按照国家林业局会同有关部门制定的《伊春林权制度改革试点森林资源资产收益管理办法》执行。

（四）加强林地管理。大力宣传贯彻国家有关林地管理的法律法规和政策，使林地承包人认清保护林地的形势和重要性，自觉保护林地。杜绝发生蚕食、侵占林地和毁林开垦等非法占用林地、改变林地用途的违法违规行为。

（五）加强野生动植物保护管理，坚决禁止乱捕滥猎、乱采滥挖野生动植物的行为，保护好野生动植物资源。

（六）建立森林资源动态监测体系。在具有代表性的林地内建立监测样地。定期调查记录样地内植物、动物、土壤等资源的变化情况及主要物种的消长情况，以便对承包经营林地内的资源和经营状况做出正确评价。

第五章　优惠政策

第十九条　由伊春林业管理局出资成立林业发展基金，解决参与承包经营职工的后续资金投入问题。

第二十条　参与林地承包经营的林业职工享受下列优惠政策：

（一）试点期间森工企业职工可以用拖欠工资抵顶部分承包费。

（二）本次试点原则上不收取林地承包费以外的其他收费，各试点单位可根据本局实际情况自主确定。

（三）对于治理难度较大的宜林荒山、荒地、荒沙和破坏地发展人工林，保证在规定限期内恢复植被的，试点林业局可自主决定减收或免收林地有偿使用费。

（四）流转价格原则上不低于评估价值，为最大限度的让利林区职工，流转价格可低于评估价值，但最多不低于评估价格值的80%，并报伊春林权制度改革试点工作领导小组办公室审批。

（五）林地承包经营者享有依法自主经营权，在承包经营期限内，承包经营权可以依法继承。

（六）个别插花分布在生态公益林区内的职工个人所有的林木，可按等价交换原则，以商品林区的现有林予以置换。

第六章　管理责任

第二十一条　未办理审批手续或者骗取批准的，其承包经营行为无效。

第二十二条 评估机构在评估过程中弄虚作假的，其评估结果无效。

第二十三条 林地承包人擅自改变林地用途或不能按合同约定期限更新造林、恢复植被的，发包方可以按照合同约定的违约责任条款追究承包方的法律责任。

第二十四条 林地承包人逾期交纳林地承包经营费的，由试点单位按照当时短期贷款利率计算收取，无故拒不交纳的，由试点单位酌情收回林地使用权。

第二十五条 林地承包人在经营区内乱捕滥猎野生动物、乱采滥挖野生植物或非法开采地下矿藏的，由试点单位酌情收回林地使用权。

第二十六条 国家工作人员有营私舞弊，弄虚作假或侵犯承包经营双方权益等违法违规行为的，由试点林业局给予相应的行政处分。

第七章　附　则

第二十七条 在本细则公布前已经发生的林地承包经营行为，凡不在试点范围内的，应当予以纠正。

第二十八条 本细则自 2006 年 8 月 15 日起施行。

林地承包经营费收费标准

单位：元/亩·年

期限 \ 地位级	Ⅰ	Ⅱ	Ⅲ	Ⅳ	Ⅴ	备注
一次性缴纳	3.00	2.50	2.00	1.50	1.00	
逐年缴纳	4.00	3.50	3.00	2.50	2.00	
有收益时缴纳	5.00	4.50	4.00	3.50	3.00	

附件3　伊春市林权制度改革试点介绍

一、林权制度改革的由来及运作过程

鉴于伊春林区多年积淀的各种矛盾和长期“两危”的实际，自1998年开始我们在职工群众营造自费林的基础上，提出了发展民有林。2000年，我们依据《森林法》和《森林法实施条例》又提出了对森林、林木、林地的有偿流转，初步制定了《工作方案》和《实施细则》及一系列相关配套管理办法，并以正式文件形式（伊林发[2000]48号）上报省森工总局后逐级上报到国家林业局，当时国务院的具体政策尚未出台，国家林业局对国有重点森工林区的林业产权制度改革持谨慎的态度，并以林函资字[2000]242号文件明确了否定态度，致使这项工作一直没有取得突破。

2003年《中共中央关于加快林业发展的决定》出台后，市委、市政府（林管局）紧紧抓住这一契机，市委书记吴杰凯、市长许兆君亲笔给回良玉副总理写信，并当面向回副总理做了专题汇报，回副总理在汇报信上做了重要批示：“递请生贤、育材同志认真一阅。要认真贯彻十六届三中全会和全国林业工作会议精神，国有林权制度改革要抓紧试点。伊春市要争当改革试点地区，可派得力人员前往调研，并尽速拿出意见”。2004年8月11日温家宝总理在许嘉璐副委员长来伊视察工作后的报告上批示：“请良玉同志阅示。建议国家林业局研究并提出意见”。回良玉副总理签批：“生贤、育材同志：国有林业产权制度改革意义重大，政策性强，应在作好方案的前提下，尽快先行试点，探索经验，扎实推进，以加快国有林区经济社会可持续发展”。2004 年 8 月 10 日回良玉副总理在许永清上将的信上的批示“请生贤同志阅。一定要赋予地方权责利的统一”。

2003 年 12 月 21—27 日，国家林业局组成了 12 人的调研组来我市就林权制度改革事宜进行了专题调研，国家林业局在调查研究基础上，充分肯定了我市林权制度改革的思路和做法，并于 2004 年 4 月份将我市列为全国唯一重点国有林区林权制度改革试点单位。

二、启动林权制度改革试点的前期准备情况

自我市被国家林业局正式确定为重点国有林区林权制度改革试点单位以来，在国家林业局和省政府以及省林业主管部门的正确领导，市委市政府采取积极有效措施，主要做了以下几方面的工作：一是建立健全了专项工作机构，强化了对试点准备工作的领导和指导；二是全面强化宣传引导，形成了一个强力推进林权制度改革的浓厚氛围；三是与上级紧密沟通，及时完成了试点方案及其细则和配套管理办法的修订完善工作；四是全面开展了试点单位的基础调查和林地区划工作，明确落实了流转地块；五是深入开展了调研取经活动，进一步丰富了试点工作的内涵，积累了启动试点的基本经验；六是注重了试点运行的规范约束，保证了试点准备工作的稳步运行。

2006 年 1 月 4 日，温家宝总理主持召开的国务院第 119 次常务会议听取并原则同意国家林业局贾治邦局长关于在黑龙江省伊春市开展国有林区林权制度改革试点工作的汇报，肯定了伊春国有林权制度改革试点是落实中央决策的一项重要举措，是国有林区改革迈出的关键一步，对深化林业体制改革，促进林业可持续发展具有重大意义。2 月 9 日，国家林业局、国家发改委、黑龙江省人民政府在北京召开了伊春林权制度改革试点第一次联席

会议。3 月 20—24 日，国家林业局雷家富副局长、国家发改委、国家林业局相关司局一行 11 人专程来我市，深入乌马河、翠峦林业局的试点场所，实地察看，座谈研究，广泛听取各方面的意见。并对我市的发展与改革给予了总体评价，提出了需要把握的几个关键和需要深入研究的几个问题。4 月 18—19 日，国家林业局局长贾治邦、副局长张建龙及国家林业局各司、办、厅负责同志，在副省长申立国，省长助理、省森工总局党委书记张效廉等陪同下到我市调研林权制度改革，在实地查看、听取汇报、与职工群众代表座谈后贾局长指出："伊春林区林权制度改革试点的前期准备工作可以说领导重视、认识到位、准备充分、方案可行、可以全面启动试点。在启动林权制度改革试点过程中，要进一步统一认识，加强领导，认真落实政策，随时处理好可能出现的问题。要一边试点、一边解决问题、一边总结经验。要明晰思路，明确责任，通过积极稳妥地推进林权制度改革，使国家得生态、职工得收益，实现林区森林资源的持续经营和经济社会的可持续发展"。

三、林权改革试点的主要内容

试点原则：坚持生态效益优先，正确处理保护森林资源与发展林区经济关系，积极引导承包经营者依法科学经营森林，不断提高林地生产力，实现永续利用，最大限度发挥森林的生态效益、经济效益和社会效益；坚持以改革促发展，实行所有权与经营权分离，统分结合、产权明晰；坚持公开、公平、公正，责权利相统一，赋予试点林业局林业职工平等的权利；坚持积极稳妥推进，正确处理改革、发展、稳定的关系，妥善解决林权制度改革试点中遇到的问题，确保林区社会稳定；坚持林地所有权和用途不变，承包经营的国有林地只能用于森林的培育和经营，不能改作他用；坚持国有森林资源依法有偿使用，确保森林资源资产保值增值；坚持林地承包经营收益取之于林、用之于林和收支两条线。

主要内容：对浅山区林农交错、相对分散、零星分布、易于分户经营的部分国有商品林，由林业职工家庭承包经营；对大面积、集中连片的公益林和商品林，由伊春林业管理局依法加强经营管理。

试点范围：双丰、铁力、桃山、乌马河、翠峦 5 个林业局中的 15 个林场（所），试点规模仅限于商品林地，面积为 8 万公顷，公益林地不纳入试点范围。

承包对象：承包经营林地的对象是试点林业局的林业在册职工，伊春林业管理局及试点林业局机关干部和离退休职工，暂不参加林地的承包经营。试点启动初期，仅限于试点林场职工，而后扩大到试点林业局的其他林场所，最后扩大到山下单位职工。我们将通过逐步引导职工发展家庭林场、股份制林场，组织公司＋职工＋基地的经营形式，支持职工以林地使用权、林木资源和劳力入股参与合作经营。逐步吸引社会资金和战略投资者。

实施方式：按一沟一系一坡的自然界限，并结合森林经营区划，按每户 5～10 公顷的规模，实行林地承包经营和林木资产流转。林地承包经营期限 50 年。

工作程序：试点启动以来，各试点林业局严格按照实地区划、公开信息、提出申请、身份认证、签署协议、资产评估、竞价招标、核查审批、公示、签订合同、确权发证、法律公证与财产保险、建档备案这样一整套工作程序来操作的。

收益管理：试点期间，国有林地承包经营所取得的收益，上缴财政，纳入预算管理，全额返还试点林业局，主要用于支付拖欠承包经营职工的工资、承包期间职工养老保险和森林资源经营管理等。

四、目前试点工作进展情况

4 月 29 日，在乌马河林业局乌马河经营所，召开了乌马河林业局暨全市林权制度改革试点启动大会，杨书记、许市长等领导到会，许市长对启动林权制度改革试点提出了具体要求，着重强调了：全国唯一的林权制度改革试点来之不易，值得我们倍加珍惜；充分认识伊春林权制度改革试点的重大意义，进一步增强搞好改革试点的责任感和使命感；准确把握好改革试点的几个重要原则，切实当好全国国有林区的“小岗村”。并签下了第一份承包经营合同。

试点启动后，各试点林业局都先后召开了由党政班子成员、林改领导小组成员、办公室成员、试点林场场长参加的会议，就如何贯彻许市长的讲话、市林权制度改革办公室会议的有关精神做出了安排部署，采取了宣传发动、政策研究、入户调查、领导包点、干部分工、专人驻场、完善基础设施、召开试点启动仪式等措施。试点启动工作全面铺开。

2006 年 6 月 16 日，国家林业局林函资字[2006]99 号文件正式批复《黑龙江省伊春林权制度改革试点实施方案》，7 月 24 日至 26 日，国家林业局雷家富副局长率 5 个调研组赴伊春各试点林业局开展林权制度改革试点百户调研，而后召开了林权制度改革局省第二次联席会议，对试点工作给予了全面肯定，提出了下步工作要求。8 月 11 日，黑龙江省政府办公厅黑政办函[2006]45 号文件批复了《黑龙江省伊春林权制度改革试点实施细则》。

7 月 26 日，国家林业局、黑龙江省人民政府在伊春市召开了伊春林权制度改革试点第二次联席会议。会议认为，伊春林权制度改革试点工作进展顺利，开端良好。各级领导对改革试点工作给予了高度重视，试点前期准备工作扎实、充分，试点启动及时、适当，具体组织严密、有序，特别是牢牢把握了改革试点的基本方向和基本原则，赢得了广大林业职工的信任、支持和拥护。8 月 18 日，国家林业局、财政部印发了《黑龙江省伊春林权制度改革试点森林资源资产评估实施意见》。

9 月 20 日，回良玉副总理在中南海召见伊春市市长许兆君并听取伊春市国有林权制度改革试点工作情况的汇报。

12 月 25 日，改革试点取得重要的阶段性成果。8 万公顷试点林地的承包工作已于 2006 年底全面完成。共落实林地承包面积 80 340.44 公顷，其中，完成承包面积 77 467.72 公顷，签订林地承包和林木流转合同 6 623 户；托管面积 2 872.72 公顷，预留托管职工户 451 户。

2007 年 2 月 16 日，回副总理又在国家林业局呈报的《关于伊春国有林权制度改革试点情况的报告》上做出重要批示："伊春国有林区林权制度改革试点取得了阶段性的成效。望继续坚持改革试点的基本原则，强化政策指导和服务引导，严格按照现代产权制度改革的要求，积极探索国有森林资源经营的新模式，既要使森林资源得到有效的保护和发展，又要拓宽林业职工就业渠道和培育发展森林资源的积极性，以使林地产出率提高、林区繁荣、林业职工富裕"。

3 月 27 日，国家林业局和黑龙江省人民政府在京召开伊春林权制度改革试点第三次局省联席会议。会议明确，下一步改革试点要以回副总理重要批示为指导，牢牢把握试点的方向和基本原则，积极探索国有林区森林资源的经营模式，使森林资源得到进一步培育和保护，使林业职工就业渠道进一步拓宽，实现林地产出率提高、林区繁荣、职工富裕的改革目标。

8 月 17—18 日，由国家林业局、黑龙江省人民政府、中共中央党校、中国人民大学联合举办的国有林权制度改革试点研讨会在伊春市隆重召开。伊春市市长许兆君就国有林区林权制度改革试点情况进行了典型发言。与会专家学者，围绕"国有林权制度改革的模式、森林资源管理体制、生产力发展研究"，"国有林权制度改革试点的主要经验和做法以及经营机制的创新"，"国有林权制度改革试点的法律法规政策、融资、保险、税费政策"等议题进行了深入研讨。与会人员还实地考察了伊春市乌马河林业局林权制度改革服务中心、乌马河经营所林权制度改革成果展厅。

中央农村工作领导小组办公室、国务院研究室、国家发改委农经司、财政部农财司的相关领导，以及东北、内蒙古重点国有林区林业厅、森工（林业）集团主要负责人，国家林业局驻内蒙古、长春、黑龙江、大兴安岭专员，黑龙江省相关部门领导，部分国有森工企业局局长等共计130余人参加了研讨会。研讨会产生了广泛的影响。

五、存在的主要问题

（一）关于林权凭证问题。林木权属凭证发放遇到现行法律、政策制约。国家林业局鉴于国有林区以林业局为单位的林权证法律效力的唯一性，确定林权改革中的承包经营林地只能以林地承包经营和林木流转合同替代林权凭证，并指定由我省负责《合同》法律效力的确定工作。但省法制局认为省级法制部门不具备这种《合同》法律效力的确定权限，不同意由我省出台《关于确定伊春林权制度改革试点林地承包、林木流转合同法律效力的意见》。

（二）关于林地抵押贷款、林木资产保险问题。从试点启动之初，我们就积极与金融、保险部门进行沟通、协调，研究出了一些具体解决措施和办法，但终因林改职工没有林权法律凭证，使两项工作暂未得到有效解决。

（三）关于承包职工进行森林抚育的权限问题。省森工总局下发的《伊春林权制度改革试点林木采伐管理办法》规定，承包经营林地内林木采伐消耗林木蓄积列在林业局限额之内。职工进行低产低价林改造、抚育伐等森林经营活动中所消耗的采伐限额就必须经所在林业局同意方可进行。按照此规定，势必一定程度影响承包经营职工的森林经营积极性，不利于改革试点工作的深入开展。应在林改职工编制森林经营方案基础上实施抚育伐指标单列。

（四）关于产权交易问题。产权流转是促进林业要素市场建设、推动活立木资产资本化、林木资产向优势大户集中的重要环节。没有实现自由交易的产权是不完整的，是一个缺陷的产权制度，无法实现市场对产权的配置作用。我市活立木交易市场已经建立，但一直未启动，应按照《伊春林权制度改革试点职工内部交易管理办法》启动职工内部流转工作，完善产权制度，实施林木资产的资本化运作，由活立木变成资本，参与要素交易。

（五）关于战略投资者进入问题。为推进全社会办林业，林业产权多样化，实施社会团体、战略投资者有序进入，应在第一轮改革单位中进行先期试点，总结经验，待时机成熟后对社会放开。

六、下步打算

在伊春林区进行国有林权制度改革试点具有探索、试验和示范的意义，改革始终得到了中央领导高度重视与方方面面的密切关注。温家宝总理在国务院第 119 次常务会议上曾指出：“伊春国有林区林权制度改革试点是国有林区改革迈出的关键一步，对深化林业体制改革，促进林业可持续发展具有重大意义”，这对我们是莫大的鼓舞和鞭策，也增强了我们做好试点工作的决心和信心。回良玉副总理曾多次批示、多次直接听取、过问和督促落实改革试点的具体事宜，为改革试点把握方向，并为改革试点的顺利启动实施、深化发展起到了重要的推动作用。2006 年 9 月 20 日，回副总理在听取伊春市国有林权制度改革试点工作情况汇报时说：“中央非常关心国有林区改革与发展，现在在伊春进行国有林权制度改革试点，就是为国有林区的发展探索道路，待改革成功了，国有林区就会成为财源之地，致富之地！试点地区的同志，你们责任重大、使命光荣啊！”国家林业局和黑龙江省委、省政府对改革试点工作始终给予了正确领导和精心指导，国家林业局局长贾治邦、副局长雷加富，省委书记钱运录、省长张左己、副省长刘学良先后多次到伊春进行专题调研，对我们试点前的准备工作和启动后的运行给与充分肯定和周密的指导。国家林业局与黑龙江省三次召开局省联席会议及时研究解决了改革试点中遇到的相关问题。今年以来，国务院研究室、国家林业局、中国人民大学、全国人大林权制度改革调研组、国家发改委研究室、黑龙江省委政研室等中央和国家机关部委、相关科研院所和高等院校的有关领导、专家学者先后来到伊春深入改革一线调研指导。在伊春国有林权制度改革试点已经得到各方肯定、支持的基础上，下一步我们将重点做好以下几项工作：

（一）逐步扩大改革面积。扩大伊春国有林权制度改革面积，放大改革效应的时机已经成熟。一是扩大改革面积是深化改革的需要。经过一年半时间的实践，伊春林区深化国有林权制度改革的实践基础扎实，理论基础牢固，已经创造出了成功经验，扩大改革面积，有利于为今后在全国国有林区进一步推广提供更为丰富的经验起到更好的先导性、示范性作用。二是扩大改革面积是实现广大林业职工根本利益的需要。林权改革让广大职工得到实惠，增加了收入，改革得到了伊春林区广大职工群众特别是林业在岗职工的衷心拥护和全力支持，职工参与林权的积极性主动性空前高涨。扩大改革面积符合全市广大林业职工参与改革的强烈愿望和要求。三是扩大改革面积是应对林业发展方式战略转变的需要。林业发展方式正在由木材生产向生态建设转变，由于无林可采，伊春林区木材产量将大幅度调减，甚至停伐，伊春林区将有一大部分林业职工无岗可上，无业可就，扩大改革面积有利于及时转移安置职工，化解社会矛盾，维持职工生计，维护社会稳定。四是扩大改革面积是促进伊春林区经济发展、改善生态环境的需要。伊春林区现有16个直属林业局218个林场所，施业区面积400万公顷，商品林区和限伐区占70%，目前8万公顷的试点面积，虽然成效很大，但是作用发挥有限，与解决国有林区养人与养林、生态建设与经济发展、当前保稳定与长远求发展的矛盾，还有很大差距。扩大改革面积，有利于吸纳民间资本，增加社会投入，形成全社会办林业的机制，有利于加快森林生态环境的恢复与改善。五是扩大改革面积是落实回副总理批示精神的需要，是贯彻落实科学发展观的具体体现。依据国家林业局批复的《黑龙江省伊春林权制度改革试点实施方案》中确定的指导思想、主要目标和基本原则，结合伊春林管局木材产量调减规划和自然、社会以及森林资源状况，确定扩大林权改革的范围主要以伊春林区南、中部森林资源较差的林业局为主，逐步向北部扩展，第一步在原5个试点林业局的基础上，增加南岔、美溪、金山屯、上甘岭、五营林业局，总计10个改革林业局，新增65个林场所，改革面积2008年扩大50万公顷。第二步在伊春林管局16个林业局内全面开展，改革林场所总数达到106个，2009年扩大到100万公顷。到那时，就基本达到了改革设计的“远封近分”的长远规划目标，即把远山区300万公顷封起来，以生态建设为主，继续实行国有国营，将其作为国家战略资源储备基地加强管理，并继续发挥对东北、华北的生态屏障作用；把近山区100万公顷承包给个人，实行商品林培育、产业化经营，为真正实现林产工业基地化、规模化、集团化奠定基础，加快林业产业发展。

通过扩大改革范围，可使国家得生态、企业卸包袱、职工得收益、社会得稳定的目标进一步得以实现。

（二）认真做好扩大改革的各项准备工作。一是主动向国家林业局汇报请示，加紧编制伊春林权制度改革扩大规划。二是组织拟扩大改革的林业局干部职工到5个已试点改革局去学习取经，抓紧提前介入，提前准备。三是加紧进行区划调查和核查评估，全力做好扩大改革的各项前期工作。

（三）切实加强改革后森林资源的管理、保护和发展工作。适应林改后国有林区森林资源管理工作发生的新变化，切实把加强森林资源管理工作作为首要任务，突出生态优先的原则，严格监督执行森林经营方案，加强对职工的教育引导，切实扶持、安排好承包职工的造林工作，确保应造林地全部造上林，应退耕还林地全部退耕还林。继续坚持“严管林”方针，突出强化对承包经营林地、林木资产的重点保护，并坚持对职工承包经营林地的经营状况实行数字化动态监管，确保承包经营林地面积逐年扩大、森林蓄积逐年增长、林分质量逐年提高。

（四）完善改革配套体系。妥善处理产权改革与各项配套改革的关系，在积极探索和推进国有林权制度改革的同时，推动相关的各项配套改革，不断破解体制性矛盾中的其他问题。积极探索适应市场经济运行规则的国有林区行政、经济管理新体制，加快分离企业办社会步伐，逐步实现伊春政企分开；全面加快伊春林区经济结构调整，推进经济转型，重点发展优势特色接续替代产业；继续深化森工企业改革，加快森工企业的体制创新和机制创新；完善社会保障体系，不断解决林区人民群众最关心、最直接、最现实的利益问题。

附件 4　国家林业局　黑龙江省人民政府伊春林权制度改革试点第三次局省联席会议纪要

2007 年 3 月 28 日

3 月 27 日，国家林业局和黑龙江省人民政府在京召开伊春林权制度改革试点第三次局省联席会议。会议传达了回良玉副总理今年 2 月 16 日在《国家林业局关于伊春国有林权制度改革试点工作情况的报告》（林黑字［2007］6 号）上所做的重要批示，传达了去年以来，国家林业局局长贾治邦的批示，听取了伊春市市长许兆君汇报第二次局省联席会议以来所做的工作及下步工作安排，国家发展改革委、财政部和黑龙江省森工总局、林业厅同志作了发言，黑龙江省政府副省长刘学良、国家林业局副局长雷加富先后作了重要讲话。

会议认为，回良玉副总理的重要批示，高屋建瓴，言简意赅，通篇贯穿了科学发展观的思想，进一步肯定了试点工作取得的成效，强调了改革试点必须遵循的基本原则，提出了深化试点工作的政策措施，明确了国有林区林权制度改革试点的方向和目标。这对于深入推进改革试点工作，实现国有林区的又好又快发展，具有十分重要的指导意义。

会议指出，伊春林权制度改革试点取得了阶段性成效，积累了一些成功经验，其先导性和探索性的作用主要表现在：一是探索了国有森林资源经营管理的新模式、新体制；二是探索了国有森林资源经营的新机制；三是探索建立了国有森林资源资产评估体系和流转办法；四是探索建立和发展社会中介组织，完善社会服务体系。

会议明确，下一步改革试点要以回副总理重要批示为指导，牢牢把握试点的方向和基本原则，积极探索国有林区森林资源的经营模式，使森林资源得到进一步培育和保护，使林业职工就业渠道进一步拓宽，实现林地产出率提高、林区繁荣、职工富裕的改革目标。

会议确定：

（一）伊春市人民政府（林管局）会同黑龙江省森林资源管理局进一步规范《国有林地承包经营合同》文本，按照《合同法》、《森林法》和《物权法》的规定，规范合同条款，将其作为职工承包经营的唯一合法凭证。合同范本报黑龙江省国有林权制度改革试点工作领导小组批准后，报国家林业局，由资源司会同法规司进行审核。

（二）国家林业局天保办、资源司、规划院会同黑龙江省森林资源管理局，根据国家林业局、财政部林策发［2004］94号文件规定，帮助伊春市人民政府（林管局）就伊春林权制度改革试点承包林地的分类区划问题提出调整意见，报黑龙江省林权制度改革试点领导小组讨论通过后，报国家林业局备案。

（三）由国家林业局基金管理站会同天保办、资源司协助伊春市建立为职工发展生产的贷款担保机制，积极协调有关部门成立林权制度改革试点与发展基金或担保公司，制定相关的管理办法，规范资金运作，帮助承包户申请贴息贷款。伊春市人民政府（林管局）制定具体办法，从林改收益中拿出一部分资金借给承包户支持造林和发展林下经济，并保证资金安全运行。

（四）黑龙江省森工总局要会同有关厅局尽快出台《黑龙江省伊春国有林权制度改革试点森林资源资产收益管理暂行办法》的实施细则。

（五）伊春市人民政府（林管局）积极与当地金融部门沟通协调，并请黑龙江省国有林权制度改革试点领导小组与省金融部门协调，帮助解决用规范后的合同文本进行抵押贷款问题。

（六）伊春市人民政府（林管局）要积极与保险公司沟通协调，并请黑龙江省国有林权制度改革试点领导小组与省保险公司协调，帮助研究符合国有林权制度改革试点实际的保险办法。

（七）国家林业局计资司要会同黑龙江省森工总局在深入调查研究的基础上，与财政部、税务总局沟通协调，提出承包后的林业税费调整以及国有林地承包职工经营收入所得税费合理计征的意见。

（八）黑龙江省森林工业总局要加大工作力度，简化程序，在近期下发《伊春林权制度改革试点森林资源管理办法》和《伊春林权制度改革试点林木采伐管理办法》。

（九）伊春市人民政府（林管局）要按照《国家林业局关于科学编制森林经营方案，全面推进森林可持续经营工作的通知》（林资发［2007］1号）要求，帮助承包职工编制森林经营方案，由黑龙江省林权制度改革试点领导小组办公室审批，报国家林业局备案。

（十）伊春市人民政府（林管局）抓紧研究制定《承包经营森林、林木和林地使用权林业内部流转办法》，经黑龙江省伊春林权制度改革试点领导小组讨论通过后，报国家林业局备案。

（十一）黑龙江省国有林权制度改革试点领导小组要组织大专院校和科研机构，对试点中出现的突出问题，特别是对试点工作出现的理论问题进行深入研究，尽快拿出研究成果。

（十二）国家林业局经研中心要会同黑龙江省资源管理局和伊春市继续做好伊春林权制度改革试点百户承包职工调查，跟踪分析承包职工森林资源资源经营管理情况，并做好社会经济发展情况的评估。

（十三）国家林业局资源司要会同黑龙江省资源管理局和伊春市做好森林资源增长状况的评估。

（十四）国家林业局将会同有关部门，组织专家对伊春林权制度改革试点情况进行客观、公正和科学的评估，并提出相应建议，评估结果及时上报国务院，为领导科学决策提供可靠依据。

会议要求：

（一）提高认识，稳妥推进。国有林权制度改革试点是一项开创性的工作，是加快国有林区发展、振兴林区经济、惠及林区职工的有益探索，这项工作责任重大、使命光荣、任务艰巨，要有长期准备，必须积极稳妥地推进。

（二）加强宣传，扩大影响。要广泛运用各种媒体进行舆论宣传，把广大林业职工群众的积极性保护好引导好，消除少部分职工疑虑，调动职工群众积极参与、支持林改，为林改试点工作创造良好的氛围。

（三）维护职工利益，保持社会稳定。推进国有林区林权制度改革试点，必须坚持“稳定压倒一切”的原则，统筹兼顾，协调处理好改革进程中的各种利益关系，特别是要实现好、维护好、发展好广大林区职工的根本利益。要让林区职工群众真正成为改革的主体、改革的受益者，最大限度地让利于职工。

（四）强化领导，形成推进试点工作的强大合力。黑龙江省、伊春市及各试点林业局要进一步加强领导，主要领导特别是分管领导要亲自研究、亲自部署、亲自督查，协调解决试点工作中出现的重大问题，督促检查各项工作的落实，确保改革试点按照回副总理的批示要求积极稳妥地向前推进。林业主管部门要担负起主力军的重任，认真谋划深化改革试点的关键性措施；各级职能部门要各负其责、各司其职，上下联动，积极配合，稳妥地组织抓好改革试点各环节、各层面的工作。

出　　席：

国家林业局：雷加富　肖兴威　李世东　徐济德
潘世学　江机生　刘金富　高红电
孔　明　张志达　戴广翠　赵忠南
王森业

国家发改委：吴晓松

财　政　部：刘　洁

黑 龙 江 省：刘学良　韩连生　刘忠敏　许兆君
李文达　李志海　侯颖达

附表

伊春林权改革调查表

伊春林权改革相关部门人士：

您好，本问卷是希望对伊春林权改革效益做出初步的了解，以便政府能够从宏观上把握、引导伊春林权改革建设，指导伊春市有目标的完成林权改革的建设工作。希望您能够根据您自己对伊春林权改革了解做出如实填写，您的帮助将对我们的研究起到莫大的帮助。我们郑重承诺，决不向外界透露有关您填写的任何信息，您提供的数据也不会作为任何评比、考核的依据。

第一部分内容　指标权重调查

☺ **说明：**您需要对以下各指标组成成分的重要程度进行分析，请对问题或表中各指标组成成分（斜体划线部分）进行两两比较打分，打分原则如下：

1 表示两元素相比，具有同样的重要性；

3 表示两元素相比，前者（竖列）比后者（横列）稍重要；

5 表示两元素相比，前者比后者重要；

7 表示两元素相比，前者比后者明显重要；

9 表示两元素相比，前者比后者明显重要；

如果后者比前者重要，就用倒数表示，例如：1/3 表示后者比前者稍重要。

2、4、6、8 表示上述相邻判断的中间值，也就是说如果前者（或者竖列指标）相比后者（或者横列指标）重要就用数值表示，随着重要程度增加数值越来越大；如果相比不重要就用倒数表示，随着不重要程度增加倒数值中分母越来越大。

☺ **举例：**林权改革绩效由经济效益、生态效益、社会效益三个方面组成，如果您认为生态效益相比经济效益显得“重要”就用“5”表示，如果您认为经济效益相比社会效益显得“稍不重要”就用“1/3”表示。

✌ **准备！现在开始答题：**

1. 经济效益可以分为林业经济效益（与林业产出直接或间接相关的经济收益）、整体经济效益（伊春经济整体效益）两个方面；您认为在评价伊春林业改革经济绩效成果方面，林业经济效益相比整体经济效益的重要程度________________

2. 生态效益可以分为生态效益技术指标（包括制氧量、森林涵养水源量、土壤侵蚀亩数）、生态效益总体指标（包括森林覆盖率、年均采伐量、森林储量、年种植量）；您认为在评价伊春林业改革生态效益成果方面，生态效益技术指标相比生态效益总体指标的重要程度________________

3. 林权改革效益由经济效益、生态效益、社会效益组成，请您给出这些组成成分在反映伊春林权改革绩效方面的相互重要程度。（竖列指标相比横列指标，阴影部分不进行比较，只填写空白部分）

请比较竖列相比横列的重要程度	经济效益	生态效益	社会效益
经济效益			
生态效益			
社会效益			

4. 林业经济效益由直接林产品收益、间接林产品收益、林

地转让收益、生态旅游收益组成，请您给出这些组成成分在反映林业经济效益方面相互重要程度。

请比较竖列相比横列的重要程度	直接林产品收益	间接林产品收益	林地转让收益	生态旅游收益
直接林产品收益				
间接林产品收益				
林地转让收益				
生态旅游收益				

5. 整体经济效益可以用职工年人均收入、人均国民生产总值、国民生产总值增长率组成，请您给出这些组成成分在反映整体经济效益方面相互重要的程度。

请比较竖列相比横列的重要程度	职工年人均收入	人均国民生产总值	国民生产总值增长率
职工年人均收入			
人均国民生产总值			
国民生产总值增长率			

6. 生态效益技术指标可以用制氧量、森林涵养水源量、土壤侵蚀亩数组成，请您给出这些组成成分在反映生态效益技术指标方面相互重要的程度。

请比较竖列相比横列的重要程度	制氧量	森林涵养水源量	土壤侵蚀亩数
制氧量			
森林涵养水源量			
土壤侵蚀亩数			

7. 生态效益总体指标可以用森林覆盖率、采伐量、森林储

量组成，请您给出这些组成成分在反映生态效益总体指标方面相互重要的程度。

请比较竖列相比横列的重要程度	森林覆盖率	年均采伐量	森林储量	年种植量
森林覆盖率				
年均采伐量				
森林储量				
年种植量				

8. 社会效益可以用环境舒适程度、就业率、基础设施建设水平、社会稳定程度组成，请您给出这些组成成分在反映社会效益方面相互重要的程度。

请比较竖列相比横列的重要程度	环境舒适度	就业率	基础设施建设	社会稳定程度
环境舒适度				
就业率				
基础设施建设水平				
社会稳定程度				

第二部分内容　指标发展水平等级评价

请对林权改革前后伊春市下列指标的水平进行评价，评价内容分为 5 个等级，其中“1”表示最低水平，“5”表示最高水平，请再您认为的选项内画“√”。如有实际值请同时填写实际值。

附 表

请对改革前各指标水平进行评价，并在对应水平等级处划“√”：

发展程度 指标	很低 1	较低 2	一般 3	较高 4	很高 5	具体值（如能获取请填写）
直接林产品收益						
间接林产品收益						
林地转让收益						
生态旅游收益						
职工年人均收入						
人均国民生产总值						
国民生产总值增长率						
制氧量						
森林涵养水源量						
土壤侵蚀亩数						
森林覆盖率						
年采伐量						
年种植量						
森林储量						
环境舒适度						
就业率						
基础设施建设水平						
社会稳定程度						

请对改革后各指标水平进行评价，并在对应水平等级处划“√”：

发展程度 指标	很低 1	较低 2	一般 3	较高 4	很高 5	具体值（如能获取请填写）
直接林产品收益						
间接林产品收益						
林地转让收益						
生态旅游收益						

（续）

指标 \ 发展程度	很低 1	较低 2	一般 3	较高 4	很高 5	具体值（如能获取请填写）
职工年人均收入						
人均国民生产总值						
国民生产总值增长率						
制氧量						
森林涵养水源量						
土壤侵蚀亩数						
森林覆盖率						
年采伐量						
年种植量						
森林储量						
环境舒适度						
就业率						
基础设施建设水平						
社会稳定程度						

参考文献

[1] 蒋敏元，李继军，李龙成．森林资源经济学．哈尔滨：东北林业大学出版社，2003：348－350.

[2] 周生贤．充满希望的十年——新时期中国林业跨越式发展规划．北京：中国林业出版社，2001.

[3] 李智勇，闫振．世界私有林概览．北京：中国林业出版社，2001：2－3.

[4] Aufrag Partner Struktur. BVVG Bodenverwertungs GmbH，1999.

[5] 邵青还．民主德国林业的转折．世界林业动态，1999（24）.

[6] 关百钧，等．世界林业发展概论．北京：中国林业出版社，1994.

[7] 张耀军，刘丹．从芬兰立地税看中国森林税制改革．世界林业研究，1999.

[8] Pin Finland：A Logit Analysis. Acta Forestalia Fennica，1996.

[9] 张其光．赴瑞典林业考察报告．热带林业，2003（4）：4－7.

[10] 中国林学代表团赴加拿大私有林考察报告．1998.

[11] 张莲洁，张连平，姜秀刚．日本林业研究及其思考．中国林业企业，1999（5）：46－47.

[12] 徐秀英，石道金．浙江省林地使用权流转的调查研究．林业资源管理，2003（5）：15－18.

[13] 程云行．南方集体林区林地产权制度研究．北京：中国林业出版社，2004：38－42，68－69，109－113.

[14] 张志雄．集体林区土地产权制度与林地保护问题的探讨．林业资源管理，1999（1）：14－18.

[15] 陈德良，余寿艾，汪长健．论林地产权市场体系的建立与完善．林业经济问题，1998（6）：46－43.

[16] 陈后文，包中才．国有林场林地产权制度改革的思考及实践．林业经济，2001（4）：39－42.

[17] 陈根长. 中国林业要进行第二轮产权制度改革. 生态经济通讯，2002 (9)：1-17.

[18] 刘家顺. 集体林区土地配置——林地流转对各方参与的影响. 1999.

[19] 徐秀英，石道金. 集体林地产权制度改革探析. 林业经济问题，2003 (3)：131-135.

[20] 萨缪尔森. 经济学. 北京：商务印书馆，1987.

[21] 万志芳. 国有林区林业微观主体重构研究. 哈尔滨：东北林业大学出版社，2004.

[22] 和海云，等. 森林资源学. 哈尔滨：东北林业出版社，1992.

[23] 毕宝德. 土地经济学. 北京：中国人民大学出版社，1998.

[24] 史忠良，肖四如. 资源经济. 北京：北京出版社，1993.

[25] 陈大夫. 环境与资源经济. 北京：经济科学出版社，2001.

[26] Cubbage Frederick W. 1993. Forest Resource Policy. John Wileg&sons fine：Washington Dc.

[27] 刘凡，刘允斌. 产权经济学. 武汉：湖北人民出版社，2002：15-19.

[28] 张敏新. 森林资源管理与资产评估. 北京：中国林业出版社，2000：257-258.

[29] 田明华，陈建成. 中国森林资源管理变革趋向：市场化研究. 北京：中国林业出版社，2003：109-110.

[30] 王永清. 国有林区可持续发展能建设研究. 东北林业大学，2002：58-63.

[31] 罗江滨，姚昌恬，高玉英. 森林资源资产化管理改革理论与实践. 北京：中国林业出版社，2002.

[32] 王兆君. 国有森林资源资产运营研究. 哈尔滨：东北林业大学出版社，2003.

[33] F. C. Hummel. Forest policy：A Contribution to resource development. 1984 by Martiuns Nijhoff / Dr w. Junk publishers.

[34] 国家林业局. 中国林业发展报告.

[35] Albert. C. Worrell. Principles of Forest policy. 1970 by Me Graw-Hill，Inc.

[36] 汪洪涛. 制度经济学——制度及制度变迁性质解释. 上海：复旦大学出版社，2003.

[37] North D C，Institutions Change and Economic Performance，Cambridge University Press &Company，1990.

后　记

我是一名高校教师，平日里与很多来自于林区学生的接触交流，一次到伊春财政局调研，耳闻目睹了林区的贫穷落后。这不仅诱发了我对林区问题的关注，更激发了我对这一问题研究的责任感。

2006年春，是我人生中最值得纪念的一个季节，更是我一生中都将永远难以忘怀的一段时日。正是从那时起，我有幸成为伊春林管局林权改革的领路人——许兆君老师、柏晓东老师和农业经济学界知名专家李友华教授的学生，开始了我人生里程中最为宝贵的两年博士后工作生涯。两年来，导师们严谨的治学态度，正直的求实品格，给我留下了难以磨灭的印象。先生的谆谆教诲、关怀培养，更让我时常由衷地献上一片感恩的心。在先生的悉心指导下，我接触到了大量资源环境学、林业经济学、产权制度学知识，汲取了许多有益养分。这不仅历练了我对学术问题的敏锐，而且还深化了我对林区发展问题的思考。

正是因为有先生的持续教诲和帮助鼓励，以及带着这些年来对林区的关注和两年来的学习积累，才能够使我的博士后报告《黑龙江省林权制度改革研究》得以最终顺利写作完成。因此，如果说我博士后报告中还有一些闪光之处的话，哪怕是一点点小小的创新，与其说是我努力尽了一位做学生的职责本分或得益于以往对林区发展问题的关注，更毋宁说是凝聚了先生辛劳汗水、大量心血的思想结晶。对此我无以回报，只能是以先生博大的胸怀、强烈的爱国心和求实的敬业精神，作为我人生道路上学习的一代楷模，将永远鞭策激励我在科学研究的道路上努力再努力。

回首两年来的工作历程，给予我极大帮助关怀的还有伊春人事局王崇伟、陈昌开局长。虽然因担任领导职务，工作十分繁忙、心系整个单位的生存与发展，但却仍时常挂念我的学习、生活，不仅在研究经费的使用上为我提供了诸多方便，而且还帮助我解决了许多生活与学习上的实际困难，对此深表谢意！此外，给予我诸多帮助指导的，还有伊春人事局孙殿荣、张兴东、赵文雅，伊春市资源局、伊春市政府政策研究中心的领导和同志们，对于他们的理解与支持我将永远铭记在心。特别要感谢，在百忙中为书作序，并给予很高评价和鼓励的沈根荣先生，最后还要感谢我所在单位经管院李翠霞院长对该书出版给予的大力帮助。

由于作者水平有限，难免有不妥之处，敬请广大读者和经济理论界同仁雅正。

张晓梅

2010 年 9 月